宇宙から送られてくる「本当の人生」を生きる

“すべての自分”と統合する“目覚め”のレッスン

スピリチュアルコンサルタント
MOMOYO

大和出版

はじめに
目覚めのプロセスはすでにスタートしている

皆さま、本書をお手に取っていただき、まことにありがとうございます。

スピリチュアルヒーラー・サイキックカウンセラー・スピリチュアルコンサルタントのＭＯＭＯＹＯです。

私自身、娘を出産する２００８年までは、外国に住むただ一人の女性でした。

普通どころか鬱と摂食障害に悩まされ、不幸の渦の中に存在し、毎日孤独と不安に駆られ泣いていました。

出産後、私に起きた出来事については、ぜひ私の過去の書籍を読んでくだされば光栄です。

２００８年以降、サナトクマラと名乗るハイヤーセルフなのかガイドなのか、そういった存在が私に話しかけるようになりました。

その存在は話しかけるばかりではなく、時には私の身体に憑依し、私の家族に向けて手紙を書いたり、人間には理解できない変な音声で話しかけたりもします。

そのため、私の家族からは大変嫌われています。

そしてそれ以来、家族は私のこともちょっと変な人だと思っています。

まあそれは別に構わないのですが、重要なのは彼のメッセージです。

彼は、地球に住む人間と宇宙のさまざまな存在は、会社の成り立ちによく似ていると言います。

たとえば、〝ガイド〟と一言で言ったとしてもそれぞれのガイドに役割があり、それぞれのガイドが自分の担当する部署で仕事を持っているそうです。

仕事というのは、地球で起きる出来事や人間のことを高次元から見守り、時にはサポートするというもの。

私に付いてくれている龍は皆さんを本当の自分に目覚めさせるため、ヒーリングや目覚めのエネルギーを高次元から降ろしますが、サナトクマラは私にメッセージを降ろすものの、彼が直接皆さんにヒーリングや目覚めのエネルギーを降ろすということはありません。

彼の役目は地球全体を見守り、時に指示を出すのが仕事です。そして実際に仕事をするのは龍であったり、他のガイドであったりします。

つまり、私たちがこの地球でどう生きるかが、彼らの今後の人生に関わってくるのだとか。

私たちをどううまく目覚めされるかによって、彼ら自身もまた、新たな次元へと移行し、新しい世界で人生をスタートさせることができるのだそうです。会社で言うところの、プロジェクトがうまくいけば昇進できるというものに似ています。


こんな話、普通の人なら信じませんよね。

正直言うと、私が一番信じられません。サナトクマラからのメッセージや、私に憑依し宇宙語を私の家族に向けてベラベラと話したことなども、実は私の頭がおかしくなっただけなのではないかと思うことがあるほどです。

しかし一つだけ、彼らの存在や彼らの話を信じざるを得ない決定的な事実があります。

それは15年という、長い間苦しんだ鬱と摂食障害が、サナトクマラに出会った日に嘘のように消えたということ。

それまで私は、病気とは治るものなのだと思っていました。

少しずつ治療を続けゆっくりと良くなっていくものだと。おそらくほとんどの心の病はそうなのでしょう。

しかし私の場合は、魔法のように消えたのです。

私の脳の中から鬱、そして摂食障害というものが消えていく瞬間を、私は今でも忘れることができません。

『となりのトトロ』に出てくるまっくろくろすけが、家からふわふわとどこか別の場所へと逃げていくシーンをご存知の方もいらっしゃるかもしれませんが、私の病気はまっくろくろすけそのものでした。

私の脳からすーっと押し出され、居場所をなくしてどこかに消えていったのです。

そして私の脳の空いたスペースに、この世が一体どうなっているのか、これから私達がこの人生で人々に何をすべきなのか、そしてこの本のタイトルにもあるように「『本当の人生』を生きる」ことについての情報が埋め込まれました。

後から知ったのですが、こういうのをインプラントと言うそうですね。

後に、宇宙人からインプラントされたという何人かの方に出会い、教えてもらいました。

サナトクマラからの情報は、時々私が知らない間にアップデートされます。ですから本を読んだわけでもないのに、新しい情報をベラベラと人に話し、その話を聞いて自分でも驚くことがよくあります。

また、私がこうして執筆を始めると、それに伴い必要な情報もアップデートされるので面白くもあり、不気味でもあります。

私自身、サナトクマラに教えてもらった通り「『本当の人生』を生きる」こと、つまり、「本当の生き方」を実践するようになり、幸せというものをそもそも勘違いしていたことに気づかされました。

本当の幸せとは、怒りや悲しみ、憎しみ、そういったネガティブな感情が自分の中から一切消えてしまうことでもなく、または素敵なパートナーに出会い、お金に困らず豊かに暮らすことでもありません。

本当の幸せとは、すべての自分と統合することです。

人生という限られた時間の中で、できるだけ多くの分離した自分を統合させていくことにあります。

これについては後ほど本書で詳しくお伝えいたしますが、分離した自分を一つひとつ統合することに徹していると、人生が自動運転であることに気づかされます。

私が人生を必死で生きるというより、自分という人間はベルトコンベアーのような大きな動き、またはもっと大きな存在により動かされていて、私はそのベルトコンベアーに乗っているだけなのだとわかるのです。

また、自分が一生懸命になって生きていることすらも、壮大な宇宙の動きの一部であり、自分という人間は、その壮大な物語の一人の登場人物に過ぎないことを深く理解できます。

人生の面白いところは、ここからです。

ベルトコンベアーに乗って生かされているだけの人生だと気づく時、必死で生きても何も手に入らなかった人生よりも数百倍楽しく、そしてなぜか求めているものもスルスルと手に入るようになります。

「本当の生き方」とは、自分自身の本当の存在に目覚めていくことです。

また、自分自身を目覚めに向かわせるとも言えます。


私がサナトクマラに言われたことは、人々の目覚めのお手伝いができるように活動しなさいということでした。

魂の契約ともいうのでしょうか。生まれる前にそんな約束をしたのかもしれません。

私はそんなことは一切記憶にないので、ただ人生の流れに乗っているだけなのですが。


ただそうしていると、自然と彼が言った通りの方向へと人生が進んでいるので面白いです。

そのうえで最近思うこと。それは、「人々の人生は何もしなくても自然と目覚めの方向に向かっている」ということです。

つまり、今日この本に出会ってくださった方々は、すでに目覚めのプロセスに乗っているということでもあります。

私自身、現在の活動を始めて早くも13年が過ぎようとしていますが、当初は、「本当の生き方」を伝えても反応してくださる方は、あまりいませんでした。
目覚めよりも、お金が増える体質にしてください！　ソウルメイトと出会わせてください！　私の未来はどうなりますか？　不幸にならないかどうかリーディングしてください、そして不幸になる未来がＭＯＭＯＹＯさんに見えるとするならば、その未来をＭＯＭＯＹＯさんのその能力で、どうか幸福な未来に変えてください！

　こういった要望が後を絶ちませんでした。

　私が真に伝えたいことや、こういった人々の願いさえも、マインド（スピリットから分離した意識）の中に眠っていることから起きている。このことは、目覚めることなく眠っている人々にはなかなか届きにくいメッセージでした。

　メッセージが届かないのであれば、実際に人々を目覚めさせるしかないとサナトクマラは言いました。

　そしてサナトクマラから伝授されたホワイトマジック（マインドからスピリットに覚醒させるエネルギーワーク）で目覚めさせようと試みました。

　しかし、人々のマインドは私の予想をはるかに超えるほど強く、マインドの中の世界を良くしたいという思いが強すぎて、この方法もそう簡単にはうまくいきませんでした。

ホワイトマジックは、普段ヒーラーが使用するエネルギー量の数百倍のエネルギーを使用します。

そのため、私が人々に手をかざすと人々はパタパタと床に倒れこんでしまうのです。

その姿が異様に魅力的であるようで、多くの人がこの魔法にいろいろなことを期待しました。

それは、マインドから真の自分へ目覚めることではなく、「マインドの中の世界（夢を見ている状態）を、より豊かに、より思い通りにしたい！」ということです。

夫の浮気をやめさせてほしい、収入を増やしてほしい、子供の成績を伸ばしてほしい、病気を治してほしい、中には〝明日から英語がペラペラに話せるようにしてください〟という人もいました。

こういった願い事を聞くたびに、この活動を何度辞めようかと思ったことでしょう。

私は、目覚めだけではなく人々のメンタルケアもできるので、いっそのこと、普通のカウンセラーになろうかと思ったことも多々ありました。

そんな私にとってCOVID-19によるロックダウンや自粛のような、これまでの生活を180度変えてしまうような出来事は、人々を目覚めさせられるチャンスでしかありませんでした。

実は、私たちは本当の意味で人生の危機や不幸にさらされない限り、マインドの中に眠ることを止めないものなのです。

これも人生のデザインのひとつ。

ただそういうものなのですが、それにしてもマインドの中は不安や心配事が多いとはいえ、それでも案外居心地が良いものなのでしょう。

私のマインドの中の世界は居心地が悪かった（苦労が絶えない毎日）ので、私も早い段階で目覚めることができました。

これも今思えば、宇宙の計らいだったのでしょう。


皆さんは、現在起きているCOVID-19を含むさまざまな世界的問題や、もしくはご自身の身近に起きている災難や苦労、悩みをどのように捉えていますか？

これらは単なる偶然で起きているのでしょうか。

目の前の災難や苦労、悩みを解決すれば本当に幸せになれるのでしょうか。

本書ではぜひ皆さんに、人生の真実についてお伝えしていきたいと思います。

人生の本当の意味、そしてこの本のタイトルにもあるように「本当の人生」が生きられるようになれば、人生は驚くほど面白い方向へと展開していきます。

なぜなら、皆さんが宇宙からのチャレンジに応え始めると、宇宙はそれを喜び、皆さんの人生をより明るい方向へと導いてくれるからです。


さあ、準備はできましたか。

それではさっそく、本編へと進むことにいたしましょう。

MOMOYO

Contents

宇宙から送られてくる「本当の人生」を生きる✦もくじ

第2章

「5つのアイテム」で目覚めの準備を始める

「本当の人生」への道②

第3章

「本当の人生」への道③

身体と記憶の中から「スピリット」を呼び起こす

第4章

「本当の人生」への道④

〝宇宙の波〟に乗る「高次の生き方」に挑む

本文デザイン✦白畠かおり
本文DTP✦美創

第 1 章

「本当の人生」への道①

「スピリチュアル心理学レッスン」の真髄を知る

本当の生き方と眠った生き方

想像もしなかった世界がそこにはある

この世には二つの幸せが存在します。

それは、外側の幸せと内側の幸せです。

外側の幸せとは、旅行に出かけたり、買い物をしたり、というように何か楽しい経験を得ることや、理想のパートナーに巡り合って幸せな時間を過ごすこと、家族と楽しい時間を過ごすこと。

つまりは、こういう経験をすると幸せだろうなと思う経験が、実際にできた時に感じる幸せのことです。

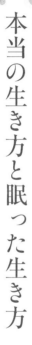

しかし、最近はスピリチュアルや精神世界の話も多くの方に認知され、「幸せとは環境や出会いとは関係なく、自分の内側に存在するのではないか?」と感づいていらっしゃる方々に、たくさんお会いできるようになってきました。

外側の幸せは、経験してもすぐに消え去ってしまいます。

この幸せ感は、そう長くは持続しません。

ですから、また次の幸せを経験するために、私たちは頑張らなければならないのです。

しかも、頑張ってもそれらが手に入らないこともあるので、この幸せに頼っている間は永遠に幸せを追い続けることになります。

本書は二つ目の幸せである、内側の幸せにたどり着くためのガイドブックとなります。

外側の幸せを追い求めて疲れ果ててしまっている方、外側の幸せをすべて手に入れて飽きてしまった方、「生まれてきた目的を果たしたい」というスピリットの感覚に何となく気づいている方のためのものとなります。

さて――。本当の生き方がスタートすると、内側の幸せ（本当の幸せ）を感じるようになります。

内側の幸せに気づくことは、私たちが生きる目的そのものとも言えます。

だからそれに出会えた時、とても感動するのかもしれません。


そしてもっと驚きなのは、内側の幸せとの出会いは、本当の人生の始まりにしか過ぎないということ。

その幸せの奥にはスピリチュアルな世界が広がっており、想像もしなかった世界へと自分の人生を展開していくことができるのです。


本書ではできるだけわかりやすく、そして具体的に何をすれば内側の幸せに出会えるのか、またその先にあるスピリチュアルな世界を見ることができるのかをお伝えしていきたいと思います。

そのためにも、まず皆さんには、「本当の生き方」が存在することを理解していただきたいのです。

なぜなら本当の生き方を選択することで、その先にある本当の幸せやスピリチュアルな世界を見ることができるからです。

焦っている方の共通点

この世には二つの生き方があると思ってください。

なんとなく日常に感じる外側の幸せを追い求め、それなりに追い求めたものを手に入れる人生。そして、私たちの内側にまだ眠る本当の幸せに目覚めていく人生。この二つです。

先ほどもお伝えしましたが、本書を手に取ってくださっているということは、皆さんはすでに目覚めのプロセスの中に存在しています。

自分ではそれを意図したつもりがなくても、皆さんのスピリットはしっかりとこれらを選択しているのです。

ですから何の心配もいりません。

この仕事をする中で、スピリット（真の存在）に目覚めることに焦っている方をよく見かけます。

こういった方にとっては、本書も焦りの材料となるのではないかと心配してしまうのですが、本書を読んで焦ってしまう方は、それがまさにご自身のマインド（スピリットから分離した意識）なのだと、まずは気づいてください。

マインドは常に私たちの意識を外側に向けようとするのが特徴です。

後ほどマインドの特徴についても詳しくお話をしますが、内側の幸せに目覚めるための本書が、外側の幸せを求める材料にならないように気をつけてください。

そして、もしもスピリットに目覚めたいと焦ったり意気込んだりしてしまうのであれば、本書を読み進める前に深く深呼吸をしてから、目覚めることは一度すっかりあきらめましょう。

本書はただ興味本位で楽しんで読んでいただくのが一番良いと思います。

目覚めとは、マインドの願いをあきらめるところから始まります。そして、マインドの願いを叶えようとすると、目覚めからは遠ざかってしまうものです。

私たちが今見ている世界

二人の祖母から学んだこと

ここで、私の家族の話を少しさせてください。

なぜなら、本当の生き方を学んでいただく前に、人生の仕組みについてお伝えしなければならないからです。

またそのためには、人とはどういった存在なのかということも、少し理解していただく必要があります。

私の母方の祖母は、私の記憶の限りでは、ほぼ四六時中いろいろなことを心配し不安に思っている人でした。

彼女は大変な大金持ちの家の長女として産まれ、裕福に育ちました。

五人姉妹でしたが、中学校に上がるまでは一人の子供につき、二人のお手伝いさんが付いていたと言います。

彼女は大人になり、公認会計士である祖父と結婚しました。

祖父は早くに亡くなってしまいましたが、彼女の親から大阪のオフィス街の大きな貸しビルを遺されていましたから、その家賃収入で非常に豊かな暮らしをしていました。そして私の幼い頃の週末は必ず、祖母が気に入ったデパートで待ち合わせをし、彼女の買い物に付き合わされるというものでした。

そんな彼女でしたが、なぜかいつもお金の心配をしていました。

今あるお金がすべてなくなってしまったらどうしよう、今のままだと私はどんどん貧乏になってしまうと、謎の不安を抱えていたのをよく覚えています。

また、彼女は健康についてもとても心配していました。

「もし私が癌になったらどうしよう、脳梗塞で倒れたらどうしよう」と言いながらも、実は健康な彼女は毎週病院を訪れ、医者を悩ませ、医者がいくら健康ですよと伝えてもそれを受け入れず、どこかに病気が見つかるまで病院に行っていました。

そして少しでも具合が悪いところが見つかると、今度はそのことで頭がいっぱいになり、「このままこの病気が進行して私はきっと癌になるのだ」と嘆いていたものです。私の週末は、祖母の不安を宥《なだ》める時間でした。

彼女の不安話を永遠に聞き、そしてそれをなんとか宥め安心させて日曜日の夕方を迎えます。

しかし、5日後の金曜日の夕方には不安話がまた始まり、そしてまたその話を延々と聞き宥める、ということを繰り返していました。

同じ出来事でも捉え方違いで豊かさが変わってくる

一方で、私の父方の祖母は、非常に貧しく育ったと言います。

なんとか小学校は卒業できたけれど、その後はすぐに働いて家計を支えなければならなかったので、中学校への進学は叶わず、そのまま瓶を作る工場に就職したそうです。

よく覚えているのは、祖母がうどんを食べる時、涙ぐみながら「美味しいね」と言って味わって食べていたことです。幼い頃、家族四人でうどん一杯を分け合って食べることが、最高の贅沢だったそうです。

私が小学校に進学する時、祖母は私にこう言いました。

「たくさんお勉強ができていいね。勉強ができるって本当にありがたいことなんだよ。これからいろんなことをたくさん学んで、頭の中に入れておきなさい。勉強をしすぎても頭の重さは変わらないし、邪魔になったから捨てなきゃならないってことは絶対にないからね」

祖母は小学校しか行けなかったことをとても気にしており、働き始めてからは独学で勉強をしたそうです。

私がこれまで出会った人の中で、一番物知りで頭の良い人でした。

祖母は非常に明るく、いつも笑っていました。暇さえあれば、私を笑わそうともしてきました。祖母が家にいるだけで家の中は明るくなり笑いに包まれ、家にはたくさんの人が彼女に会いに来ました。

来る人はみんな、彼女に会うだけで元気がもらえると言い、落ち込んでいる人がいると彼女は笑いながら台所へ向かい、ささっと冷蔵庫にあるもので何か食事を作ります。

その食事にはまるで魔法でも込められているかのようで、どんなに落ち込んでいる人でも、そのご飯を食べればみんなケロッとして、最後は笑って帰っていきました。

そして落ち込んでいる人や身体に痛みを持つ人が家に来た時は、「おまじないをやってあげるよ」と言って手でその人の身体をさすって治していました。

街中で彼女のことを知らない人はおらず、彼女とすぐ近くのスーパーに買い物に行くだけでも、何人もの人に声をかけられ、そしてその人たちをまた笑わせるのです。

一度家を出ると2時間は帰ってくることができませんでした。

月曜日から金曜日まではこの父方の祖母と一緒に暮らし、金曜日の夕方から日曜日は母方の祖母の家で過ごすのが、当時の私の生活スタイルでした。


何もかもが正反対な二人の祖母の間で育った私は、いつしか自然と幸せについて考えるようになっていきました。

彼女たちを見ていたからでしょうか。私はかなり小さい頃から、幸せが環境とは関係ないことに薄々気がついていました。

幸せは得られるものではなく、またたくさんのお金や恵まれた環境があるから幸せというわけでもなく、その人の内側から湧き起こるものなのではないかと思っていたのです。

それは両極端な二人の祖母の間で育ち、一方は何でも持っているのに、幸せそうな姿を一度も私たちに見せたことがない母方の祖母と、もう一方の何もないけれどいつも笑いが絶えないどころか人々さえ幸せにしてしまう祖母を見てきたからかもしれません。

外側に何かを得ることで幸せになれるのだとすれば、前者の母方の祖母のほうが絶対に幸せなはずですが、結果はその逆でしたから。

ここまで読んでいただき、勘の良い方であれば私が何を言いたいか察してくださったことでしょう。

外側に幸せを見出すことは、この世では不可能なことではありません。

先ほども少し触れましたが、新しい洋服や車を買ったり、新しい家族ができたり、ペットを迎え入れること。これらは欲望を満たす喜びだけではなく、内側で喜びを感じたり、ささやかな幸せを感じたりすることができるので、それ自体、とても良いことだと思います。

しかし、同じ出来事が二人の人の目の前で同時に起きたとしても、それを喜びだと捉える人と苦労だと捉える人が出てくる点が、私たちの人生を難しくさせています。

ポジティブ思考、ネガティブ思考、という言葉を聞くことがありますよね。

とても簡単な言い方をすると、ポジティブ思考な人は目の前で何が起きても、それらを喜びや幸せに感じられます。逆に、ネガティブ思考な人の目の前に喜びや幸せな出来事が起こっても、それらを問題や不安材料と捉えるでしょう。

私は両極端な祖母を持ったことで、「ポジティブ思考やネガティブ思考は生まれつきのものなのだろうか？」という疑問に至りました。

なぜなら、もしそれが生まれつきなのだとしたら、人生は変えようがないからです。

私の眼に映る二人の祖母はまるで両極端で、母方の祖母は誰がどこから見てもネガティブ思考と言えるので、私は彼女が可哀想でなりませんでした。

これが生まれつきなのだとしたら、彼女の人生はもともと不幸なものだと決まってしまっているのではないかと。

幼い頃の私がよく考えていたこと――。それはこの両極端な二人の祖母の血が半分ずつ流れていて、どちらの血が濃いかによって私の人生は決まるのではないか。そしてどうすればポジティブ思考になれるのだろうか、ということでした。

「スピリットに還る」という人生最大の癒し

ポジティブ思考さえ手に入れれば治るものなのか

私の育った環境がとても複雑だったことと、自分自身が摂食障害に15年間も悩まされたことから、私は自分にとっての人生や人というものに対して、たくさんの疑問が生まれました。

その疑問の一つが、ポジティブ思考とネガティブ思考についてでした。

あまりにも両極端な二人の祖母の間で育った私は、とにかくポジティブ思考に憧れました。

ポジティブ思考を持つには何が必要なのか。

そういったことを、私は明るいほうの祖母を見ながら研究していました。

「ネガティブでいつも不安なおばあちゃんにはなくて、この明るいおばあちゃんにあるものはなんなのか」

その答えがわかれば、自分もポジティブ思考になれると信じていたからです。

私は、ネガティブで不安ばかりをつぶやく母方の祖母のようになることを、極端に恐れていました。

どこかで、「自分は彼女に似ているのではないか」と感じていたからなのだと思います。

しかし、自らの恐れをはるかに上回り、ネガティブ思考どころか、14歳で鬱と拒食症を発症させてしまったのです。

この病気は15年もの間私を苦しめました。

苦しんでいる間、私は、ポジティブな思考さえ手に入れられたら、絶対に病気が治ると思っていました。ですから病気の間も、ポジティブな思考を手に入れる研究だけはあきらめませんでした。

毎日学校にも行かずに、一日中本屋さんで心理学の本を読み漁ることの繰り返し。

カウンセリングやセラピーにもたくさん通いました。

「誰か私の思考をポジティブにする方法を教えてください！」

そんな気持ちでいっぱいの私は、答えを探しイギリスにまで来てしまいました。

そしてイギリスでは、日本では出会えなかったような、サイキック能力者、ミディアム、ヒーラーといった、少し特殊な能力を持った方々にたくさんお世話になることができました。

さすがスピリチュアルの本場ですね。こういった能力を持った方々は、お医者さんと同等の地位で尊敬されていて、この国ではとても大切にされています。

彼らのお世話になり、さまざまな癒しや学びを体験したことで、ポジティブ思考とは、内側から湧き上がる自己愛によって作り上げられるものなのではないか、ということに気づき始めました。

同時に、自分のことを深く愛し受け入れられると、湧き上がる思考は勝手にポジティブなものに変わっていくのだ、ということも体感し始めていました。

ただこの時点では摂食障害は治っておらず、時々鬱っぽくなることもまだありましたが、そんな自分を俯瞰するうちに、たくさんの自己否定している自分にも気づくようになったのです。

突然始まったサナトクマラからのコンタクト

「自己否定している数だけ、ネガティブな思考が湧き上がり、見える世界もネガティブに見える」

そんなことに気づいた私は、なんとかして自己否定している自分を肯定して愛せないものかと悩んでいました。

そして来る日も来る日もノートに、自己否定している自分、絶対に許せない自分、どうしても受け入れられない自分、これらを書き出しました。

この作業は1年ほど毎日続けました。なぜなら、これらの自分を受け入れて愛することができれば、ポジティブ思考になれることがわかっていましたから。

こういったことを毎日書き出していると、面白いことに、なぜ自分がこんなにも自己否定をするようになったのかといった、自分のマインドができあがる歴史のようなものもよく見えてくるようになりました。

「これら自己否定のほとんどは、幼少期に周りの大人たちから言われた言葉ばかりだ」

そこまでわかるようになっていても、自己否定は根強く私のマインドの中に居座り、1日のうちに何度もこのマインドが私に話しかけ、そして私を苦しめます。

「私は愛されない」「私は望まれた子ではない」「私は存在するだけで迷惑」などなど。

ノートに書き出すにはなかなか辛いものばかりでした。

自己否定を肯定させる方法がわからない――。

そう思って悩んで苦しんでいたある日のこと。

サナトクマラと名乗る存在が突然、私に話しかけてくるようになったのです。

私の曾祖母がミディアムだったことや、イギリスでもたくさんのミディアムの方にお世話になったことで、高次元の存在からのコンタクトに恐怖はありませんでした。

しかし、まさか自分にこんなことが起こるとは思ってもいなかったため、最初の頃は、自分がいよいよ現実逃避をし始めたのではないかと自分自身の体験を疑っていました。

ところが、戸惑う私にサナトクマラは容赦なくコンタクトを続けます。

サナトクマラのコンタクトの取り方はとっても変わっていました。

彼が私にコンタクトを取っている間は、終始私の身体が自分の意思とは関係なく、クルクルと回転したり、左右に揺れ動いたりします。

そして、彼が私に話しかける、だいたい1分くらい前から、身体が揺れ動き始めるのです。

その動きにはなぜか抵抗する気持ちにならず、いつも心地良い幸せ感や懐かしい気持ちを味わうことができました。

不思議な体験はこれだけではありません。

身体が回転するとともに、自分のマインドがスピリットに還っていくような感覚がありました。

私がノートに書いた、自分を否定する自分が一つひとつ、スピリットに返還される感じでしょうか。冷たく枯渇した私のマインドは、スピリットの大きな愛に包まれ、スピリットと統合していきました。

私のスピリットは、マインドが迷子になった所から、ちゃんとここに戻ってくることを知っていたような感じでした。

もちろん、マインドもスピリットもどちらも私の内側の話ですから、この感覚は私にしか解りません。

頭の中にバラバラと散らばっていた私を否定する自己否定の言葉が、身体の揺れや回転をするごとに、私の頭の中からすーっと消えてスピリットに統合されるのです。自己否定していた自分が次々に癒されていく感覚は本当に幸せで、この幸せをこの瞬間に味わうために、私のマインドはわざと分離していたのではないかと思えるほどでした。

人生で一番辛いことは、やはり自分で自分を否定することです。

自分が自分を認めず受け入れてもいない状態です。

自分のことを受け入れず否定していると、人からも受け入れられず、誰からも認められていないような錯覚も起こしてしまいます。

その錯覚は雪だるま式に大きくなり、やがて本当に誰からも受け入れられず認められず、愛されないという現実まで作ってしまうのです。

こうなってしまうと今度は、外側にたくさんの幸せを手に入れたい気持ちも強まってしまいますから、それらを必死で追い求めるようになります。

それが、お金なのか、車なのか、人なのかは人それぞれですが。ここで怖いのが、これらを追い求めたものの、それが手に入らなかった時です。

この時、私たちは人生最大の絶望と孤独を感じ、もう生きていても意味がないとまで思うほどに落ち込んでしまうこともあります。

私たちの不幸のほとんどは、自分を否定するマインドの声。

マインドの声は私たちの頭の中で静かに囁《ささや》き、それらはあまりにリアルで、実際に自分がそうであるかのように私たちに思い込ませます。

しかし、そんなマインドもスピリットと統合することで、自分の頭の中から一つ、また一つと消えていくのです。

私の場合、自分を否定するマインドが何千個とありましたから、その数だけ身体は回転し、そしてその数だけ、スピリットから湧き上がる愛を感じました。

自己否定はなくなるだけでも感動的ですが、自己否定の数だけ、それらがスピリットと統合すると内側から自分を愛して止まない、自己愛が湧き上がってきます。

スピリットは、マインドとは違って身体の感覚として伝わってきますが、もしもそれを言葉にしたとしたら、「私が一番素晴らしい」「私のままが素晴らしい」「私は私に愛されている」感じでしょうか。

この体験は1日1回から、多い時では10回ほど起こり、そして2年ほど続きました。

最初の1年は自分のマインドがただひたすら癒され、自己愛をかみしめるという毎日でしたが、この経験が2年目に突入する頃には、私自身がかなり変容しており、私に対する周りからの反応も変化していきました。

私が明るくなったことや、自己否定するネガティブなマインドが少なくなっていたからでしょうか。

いろいろな人からお茶や食事に誘ってもらう機会がこれまでよりも増えました。

そして、私自身がそこで出会う人たちの幸せを心底願うようになっていきました。

人に会っているだけで胸が熱くなり、「どうかこの人達が本当の幸せに出会えますように」と心底願うようになっていたのです。

それまでの私は、自分が幸せになることや自分が満たされることしか頭になく、人の幸せを願う余裕などまったくありませんでしたから、こういった新しい自分にも驚かされるようになりました。

これまでのように、私のマインドが癒されてスピリットに統合されていくというものから、なぜ人がこのようにあえて、自己否定をするのか。

そもそもスピリットは愛そのもので、私たちを否定することなど一ミリもない存在であるにもかかわらず、それとは真逆のマインドを、なぜ私たちが作り出してしまうのかという「人間の心理」について。

そして、「この世の仕組み」についてなど、さまざまなことをサナトクマラは私に伝えるようになっていました。

私はこれを「スピリチュアル心理学レッスン」と勝手に呼んでいます。

それはまさに、スピリチュアルをベースにした心理学だったからです。1年ほど、このスピリチュアル心理学レッスンは続きました。

この一連の経験を通し、これまでの私は自分のマインドの中に眠っていたのだと気づかされました。私は私だと思い込んでいた「偽の私」の中で、できる限りの幸せや喜びを探し、必死に生きていたのだと。

しかし、それは単なるマインドが考え出す幻想の幸せであり、そこには本当の幸せなど、そもそも存在しなかったことに気づかされました。

目覚めは一度で終わるものではない

この世で生きる意味

スピリチュアルを学ぶことに熱心な方や、目覚めについてもいろいろと知ってくださっている方の中には、目覚めの体験は1回きりだと考えていらっしゃる方も多いようです。

目覚め方、目覚めるきっかけ、そしてその後の感覚、これらは十人十色のように思います。

パッと目覚めて、その後は覚醒したライフをスムーズに送られる覚者のような方もいらっしゃるのかもしれません。

そして目覚めたらネガティブな思考は一切湧いてこないし、災難や不幸にも一切見舞われないと……。

しかし、私の経験は眠りと目覚めを繰り返す、というものでした。

マインドと一言で言ったとしても、それらは無数に存在します。

サナトクマラが私に伝えたことは、スピリットから分離したマインド、特に自分を否定するようなマインドは0歳から12、3歳の間に作り上げられるということでした。

そしてそれらのマインドが作り上げられた後は、そのマインドが見る世界をしばらく体験するのだとか。

つまり、マインドが作り上げられてからしばらくは皆、必然的に眠りの中で人生を過ごすことになるのです。

私たちは、これらの一つひとつのマインドを自分自身だと思い込み、その数だけマインドの中に眠るわけですから、一度目覚め体験をし、この世のカラクリを理解したとしても、マインドは昨日と変わらず私たちの頭の中に存在します。

自分でも気づかないマインドがそこに存在すれば、やはりそのマインドの中に引き戻されてしまいます。

しかし、それこそが人生なのだと私は思います。

私たちがこの世で生きる意味とは、このマインドの一つひとつから目覚めていくというこの作業のことなのです。

一気になんて目覚めてしまったら、私たちは人生でやることがなくなってしまいます。

また、マインドを一つひとつスピリットと統合させるたびに、私たちは深い真の幸せを感じられるようになります。

つまりスピリットから分離したマインドの数だけ、私たちは幸せを味わうことができるように人生がデザインされているのです。

そして私たちのスピリットは、マインドを一つずつスピリットと統合させるその作業を、人生の経験として楽しみにしてこの世に降り立ったとも言えます。

これまで自分自身だと思い込んで、自分と完全に同化していたマインドから目覚め、そしてそのマインドが本当の自分ではなかったのだと気づき、手放す時の感動や幸福感。これは、新しい車や素敵な恋人ができた喜び、というようなマインドの夢の中で出会う幸福感とはまったく違った感動が得られます。

なぜこんなにも違うのかと考えてみたことがあるのですが、それはきっと、スピリットが本当に経験したいことがここにあるからなのだと思います。

カルマで成り立つこの世の仕組み

人類創造の時から始まっていた

スピリットは、分離したマインドを統合する作業を、まさに楽しんでいるとも言えます。

しかしそうは言っても、自分を否定するマインドはとてもリアルで、そのマインドが何であるか見つけられたとしても、「これが単なるマインドで本当の自分ではない」とは思いにくいものがほとんどです。

実際、現在のようなお仕事をさせていただくようになると、私がこれまで経験してきたことなど何でもないことだと思わされるような、想像をはるかに絶する辛い経験をされてきた方が、クライアントさんとして私の元に訪れるようになりました。

親が出かけてくると言って、それっきり帰ってこなくなり親から捨てられた方、親戚から性的な虐待を受けていたのに、実の親はそれに気づかないふりをして育てられた方、小さい頃に泣くとうるさいからといって、一日中口の中に飴玉を放り込まれて、10代の半ばですべて入れ歯になってしまった年頃の女性、両親が二人同時に自殺をして、その第一発見者が自分だった方、などなど。

こういった方々に出会うと、その方々が生きてこられた世界があまりにリアルで、本当にこの方達にもスピリットに目覚めるためのジャーニーが用意されているのだろうか。スピリットに目覚めるためにこんなにも辛い経験をする必要があったのだろうかと、私自身がスピリチュアルを疑いたくなるような気持ちにさせられます。

これについては、サナトクマラが伝えてくれたことへの衝撃が隠せません。

それは、親が持つマインドは子供にも受け継がれるということ。

正確に言うと、私たちの人生は私たち一人ずつのものというわけではなく、突然話が壮大になりますが、宇宙そのもの。

私たちがマインドから目覚めスピリットに戻っていくということは、宇宙にも一つ愛が戻るということなのです。

この壮大な計画は、人類が創造されたところから始まっており、私たち一人ひとりの愛の枯渇は宇宙の愛の枯渇を意味します。

カルマをどう捉えている?

私たちがスピリットに目覚めて愛を取り戻すことは、宇宙の一部としての大きな役割の一つ。そしてこの役割は家系によって分担されています。

たとえば「私は誰からも愛されない醜い人間だ」というマインドを持った家族がいるとします。

それを自分のお爺ちゃんが持っていたものだとしましょう。

そうすると、そのマインドはそのお爺ちゃんの子供達に綺麗に受け継がれます。

このマインドを受け継いだ子供がまた子供を作ると、その子供たちにも受け継がれてしまうのです。

この連鎖を止めるには、どこかの代でこのマインドに気づき、スピリットと統合するしかありません。

また、その代でそのマインドをスピリットと統合させなかった場合、次の代ではそのマインドにまつわるもっと辛い経験が用意されてしまうからです。

もしも、現在とても辛い経験の中で生きている人がいるならば、それはご自身の先祖があなたに託したカルマです。

カルマは悪いことではありません。

この代で終わらせるべき宿題とも言えます。

深く考えず、自分のマインドと向き合い、そのマインドにまつわる過去を癒しスピリットと統合させればその悪夢は終わります。

私はこのことを知り、ネガティブなマインドをたくさん持った家系に生まれた人は、生まれながらに損なのではないかと思ったりもしました。

しかし、それに対しサナトクマラは、こう答えてくれました。

「確かに、眠った世界ではそうかもしれない。けれど目覚めた世界はどうだろうか。多くの宿題を課せられるとその数だけ、スピリットに目覚められる。その苦労や数だけスピリットの愛に触れられる。ネガティブなマインドの数だけ、それらがスピリットに目覚めた時に、多くの愛を内側から感じることができる」

辛いことはこのために起こる

マインドの話を鵜呑みにしない

つい先日、ギリシャ人カップルと私と私のパートナーの四人でディナーに出かけた時のこと。

ギリシャ人カップルは二人ともとても頭が良く、ご主人は証券会社で重要な役割を任されており、奥様は大学教授で数学を教えています。

私からすると、母国語でない国では、普通に生活するだけでも難しいことなのに、彼女たちは、この国でプロフェッショナルとして活躍しているのです。

そんな彼女たちと税金の納め方の話になり、私のパートナーとカップルはものすごいスピードで納税について、ディベートを始めました。

私はその会話のスピードや難しいイギリスの税金の話についていくことができず、

うなずくばかりで会話に入っていくことができなかった。

イギリスに住んでいると、こういう光景はよくあるものです。話している人の話を最後まで聞く日本の文化とは違って、話している人の話に、どんどん反対意見や自分の意見を重ね、ディベートするのが普通の会話。

日本人からすると、「喧嘩にならないのかな?」とヒヤヒヤするシーンもよく見受けられますが、これが会話の基本なので加わらないほうが不自然なのです。

会話にうまく加われなかった私は、イギリスではこういう会話の仕方が普通なんだと頭ではわかっているのに、なぜか落ち込みました。

ディナーが終わって帰宅してから、とっても悲しい気持ちになったのです。

イギリスでの社会的な知識が乏しく、他の外国人と同じように大人の会話に入っていくことができない私は、半人前で役立たずでダメな人間なんだという気持ちに陥りました。

こういう気持ちになると、すぐにマインドはこの気持ちを感じたくなくて、この気持ちから逃れられるにはどうしたらいいのかと考え、新たなマインドを生み出します。

「私ももっと知識人になろう、税金の勉強をして次回はディベートに参加しよう」

私のマインドはそう考えました。

しかし、そうしたマインドの話を鵜呑みにせず、ここで本当の「生き方」を選択することで、また一つ自分の思考から解放され、よりスピリットの感覚を深めることができるのです。

楽しいだけでは気づかなかった

悲しい気持ちにいったん覆われてしばらくしてから、私は深く深呼吸をして、この出来事は、私のどのマインドに気づかせるために起きたのかと考えてみました。

考えてみる時のポイントは、同じような経験を小さい頃にしなかったかというように、感覚から記憶をたどってみると良いです。

私も自分自身の記憶をたどってみたところ、私はいとこの中では最年少で、いつも半人前扱いされていたことを思い出しました。

いとこ達は皆頭が良く、学校の勉強も良くできました。

私はと振り返るとそれほどでもなかったんですね。学校の勉強には人を学ぶといった分野がなく、人にしか興味がなかった私にとって、当時、勉強は苦痛でしかありませんでした。

そしてそういう自分をいつも引け目に感じていたことを思い出し、私は、以下のことに気づきました。「そうか、このマインドを解放するために、私はギリシャ人カップルとのディナーに行ったのだ」と。

すべては宇宙の計らいなのだと感じて、また一つ感動しました。

その後私は、自分の思考を紙に書き出し、記憶を癒して、このマインドを解放しました。もしもギリシャ人カップルとディナーに出かけて、ただ楽しいだけのディナーで終わっていれば、小さい頃に自分で作り上げた「自分という人間は半人前で、頭も良くなくて誰の役にも立たない」というマインドに気づくことも、そしてそれに気づいて解放されることもなかったでしょう。

つまり、このマインドと本当の自分の区別がつかず、このマインドを本当の自分だと思ったままそのマインドの言う通り、自分のことをダメ人間だと思い込んだまま担っていたということです。

しかし、私たちの人生は完璧にできていて、私たちをこういったマインドから一つひとつ解放されるために人生があり、これが人生の本当の意味でもあります。

外側への世界に幸せを求めたい時に気づいてほしいこと

全部がダメなわけではない

実は、私たちの人生は内側の幸せに目覚めるようにデザインされています。

ですから、内側の幸せに目覚める生き方から遠ざかれば遠ざかるほど、心が渇き、そしてその渇きを満たすかのように外側に多くの幸せを欲するようになります。

ここで一つ大切なことをお伝えしたいと思います。

好きな洋服を買ってお洒落をしたり、頑張って働いたお金で新しい車を買ったり、旅行に出かけるような、外側に幸せを求めることが、すべてダメなことや悪いというわけではありません。

一方で、スピリチュアルをたくさん学んでくださっている方々に多いのは、こういった欲をすべて断ち切るべきだとか、こういった欲が湧いてくるのは、まだまだ自分は本当の存在であるスピリットに目覚めきっていないからなのだと不安になってしまうこと。中には自分を責める方もいらっしゃいます。

しかし、人生はすべてあなたのものです。

仮に完全にスピリットに目覚めたとしても、外側の幸せを楽しんでももちろん構わないし、また、こんな自分は目覚めていないのではないかと否定するような自分もいなくなっているので、目の前に起こる人生をただただ味わって噛みしめるようになっていると思います。

ただ、スピリチュアルに生きるようにデザインされた私たちの心の動きは、確かに、内側に眠る本当の自分であるスピリットから遠ざかるような生き方をすることで、心が乾き外側の何かで満たしたい気持ちになります。

スピリットが自然と湧き上がってくる瞬間

たとえば、お付き合いするパートナーはいないよりいるほうが、いろいろな楽しいことが共有できて、人生が楽しくなるのかもしれません。

しかし、パートナーがいないと生きていても何か欠けている気がする、パートナーさえいれば私の人生は満たされるように感じるのであれば、もしかするとパートナーを探すことに熱を注ぐことが、今やるべきことではなく、「今一度内側の幸せに気づく生き方をしてみましょう」という、スピリットからあなたへのメッセージかもしれません。

私のところに来てくださるクライアントさんの中には、「私もMOMOYOさんのように宇宙からのお役目が欲しいです。そうすれば一生お金に困らないのですよね」という方がいらっしゃいます。

こう言って私の元に、サイキック能力やヒーリング能力を学びに来られる方がたくさんいらっしゃいます。

宇宙という大いなる存在で「絶対的なものに人生を保証されたい」。このような心の叫びなのでしょう。

こういった方々が本当にこの人生でやらなければならないことは、宇宙からお役目をもらい安全な人生を確保することではありません。

そうではなく、そんなふうに自分の人生に不安を感じるマインドを持っていることにまずは気づくことです。

そしてそのマインドとはどういったものなのか、後の章でもさらに詳しくお話ししていきますが、なぜそんなマインドが作られたのか、幼少期の記憶をたどってみると答えが出てきます。

そうして自分のマインドとじっくりと向き合い癒すことで、人生や経済的なことに対する不安が自分の中から消え去るとともに、自分を心底愛して止まない自己愛がスピリットから自然と湧き上がってくるようになります。

すると、人生に対する不安ではなく、自分には何でもできる、こんなことをやってみたい、あんなことをして人を喜ばせたい、そんな好奇心のようなものが湧いてくるでしょう。

その時には宇宙からお役目が欲しいと思う人は少ないと思います。

これさえ手に入れば絶対に幸せになれると思うものは、心の渇きを表すサインであることを心に留めておいてください。

第 2 章

「本当の人生」への道②

「5つのアイテム」で目覚めの準備を始める

人生は常にここから送り届けられている

「受け入れる」と「あきらめる」の違い

先ほども申し上げたように、私たちの人生は、本当の自分であるスピリットに目覚めるためにデザインされています。

それについて注意深く自分の人生を見てみると、そこには「目覚めなさいよ」というサインのようなものが、あちこちに散りばめられていることに気づくでしょう。

人生とは、まるでそのサインを見つけ出して、そのたびに本当の自分に目覚めていくゲームのようです。

私はこのことを知った時、本当に人生に対して肩の力を抜くことができたものです。

私たちの人生の苦しみの大きな原因は、思った現実が手に入らなくて、もがきあがいてしまうことだと思います。

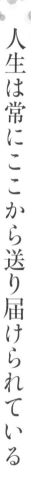

もっとお金があれば豊かに暮らせるのに、彼氏さえできれば幸せになれるのに、仕事のストレスさえなければ、など。

その他にも思わぬ不幸に出くわしてしまって、生活がガラッと変わってしまうようなことが起こるのも人生ですね。

こういったことが起きて落ち込んだり、がっかりしたりしてしまうのは、人生は自分で築けるという信念からだと思います。

しかし人生とは、本当の自分に目覚めるために「宇宙から常に現実が送られてくる」のだと理解すれば、どんなことが目の前に起こったとしても、この現実の中に本当の自分に目覚めるためのヒントがあるのね、というように人生への見方が変わり、どんなことが起きても受け入れることができるのです。

私はこれを、「本当の人生」であり「本当の生き方」と呼んでいます。

起こる人生を受け入れるのは、あきらめるという意味合いとは少し違っています。「本当の生き方」の良いところは、早く宿題をすませれば、次々と思い通りの現実が宇宙から送られてくる点です。

昔、「宿題を終わらせたら遊びに行っていいよ」と言われたことがありませんでした か?

つまり、宇宙からのサインに早く気づき、本当の自分をたくさん取り戻せば、自然と人生は思い通りの方向に導かれていくのです。

逆のことも言えて、宿題を先延ばしにすれば、目の前に送られて来る現実は、どんどん過酷なものへと変わっていきます。

ですから、私は皆さんに早く「本当の生き方」に入ってほしいと願う次第なのです。

そのうえで、第2章では、「本当の生き方」に目覚めるために用意されたアイテムを通して、そのための準備を始めていきましょう。

アイテム1●恋愛

好きになる相手は抑圧した自分自身!?

私たちの人生で起こる出来事は、常に宇宙から送り届けられています。

皆、それぞれの人生の中で、日々いろいろなことが起こっていますよね。

そして、COVID-19のように、世界で共有しているように見えることも、全部自分のために起きています。

宇宙からは日々「本当の自分に気づきなさい」と、さまざまな宿題が私たちに届けられているということ。それをしっかりこなし、宿題をクリアしていけばいくほど、私たちは本当のスピリットに戻っていき、どんどん生きやすくなっていくのです。


宇宙からの宿題が、明確に表れやすいのが恋愛です。よくあるご相談は、「この人と私はうまくいきますか？」というもの。

ほとんどの人は、自分が好きになった人とうまくいけば幸せになれると思っています。自分の思い通りの現実になることが、幸せだと思っているのですよね。

でも、残念ながら、自分の思い通りの現実になったからといって、私たちは幸せになれるわけではありません。思い通りになれば幸せになれるというマインドに、長い間、人間は浸かってきているので、なかなかここから離れられないこともわかっています。

好きな人ができたのは、実はその人とうまくいけばいいというものではなく、「その相手を通して、自分自身のマインドを見つめなさい」という、宇宙からの宿題。

もちろん、恋愛を満喫するのもこの世の楽しみの一つですから、大いに楽しんでいただいて結構です。

ただ、「この人が私のところに来ないなら、私は不幸になる」というマインドにとらわれた瞬間、あなたの幸せは相手の動きに左右されてしまいます。

幸せが自分次第ではなく、相手次第になってしまうのは、とても不幸なこと。相手に振り回され続けるのは、とても辛いですよね。

ですから、「もうそういう考え方から、目覚めなさいよ」ということ。目の前に現実として何かが起きたのは、それが宇宙から送られてきた自分の宿題なのだということを忘れないでください。

では、恋愛において、どのようにこの宿題に取り組んでいけばよいかをお伝えしていきましょう。

まず、好きになった人というのは、自分のスピリットのキャラクターとすごく近いものなのですが、これは自分の中で抑圧している自分、つまり、外側に出してはいけないと思っている自分です。

あなたも小さな頃に親から「そんなことをしてはいけない」と言われたなど、必ず何かしら抑え込むようなことを言われているはずです。私たちは育ってくる過程の中で、自分のありのままのキャラクターでいることを、どこかで否定されています。

すると、自分の中のそのキャラクターを出してはいけないと抑圧し、そうではない別の自分として生きるということを、4歳くらいから始めます。

大人になる頃には、子どもの頃の出来事はすっかり忘れて、別の自分になってしまっているのですが、遠い遠い昔に追いやったはずの本当の自分が、好きな人となって現れます。

だからこそ、この人と一緒になれれば自分は幸せになれると、錯覚してしまうのですね。けれど実は、本当の自分を思い出したいだけ。

ですから、恋愛で一番大事なのは、本当の自分を思い出すための宿題としてこの人が現れてくれたのだと常に自覚しておくこと。その人と恋愛を楽しむのと同時に、この視点を持っておけば、恋愛を味わいつつ、自分の魂の学びも進めていくことができますから、一石二鳥ですよね。


自由奔放な人ばかり好きになるのは、自分の中にも自由奔放なところがあるからです。けれど、それを抑圧してお利口さんにして生きてきて、人に迷惑をかけたり、人を振り回したりしてはいけないと思っている。そういう方は、すごく破天荒な人を好きになってしまったりすることがあります。

たとえば、女性の場合で、お金持ちの男性が好きですという方は少なくありませんよね。これは経済的に豊かだと安全に子育てができるといった、本能的な安心感から派生している現象です。

もっと時代をさかのぼると、群れの中で一番強く、食べ物をたくさん持ってきてくれる人の優秀な遺伝子を残すことが、自分の安全にも繋がるという本能的なものだったことが、現代社会においてはお金になったということです。

けれど最近では、この現象は女性自身が自立してお金を稼ぎたいと思っていることの表れなのではないかと、私は思い始めています。

バリバリ活躍し、華やかにビジネスを成功させている男性に憧れる女性は、その人の中で抑圧されている自分をその男性に映し出していることがあります。自分が好きになった人が、ものすごくビジネスで成功しているのであれば、きっとそれをやりたがっている自分も自分の中にいる。そこが恋愛の面白さでもあります。

ですから、恋愛は360度自分を見渡して、そこここで眠っているいろいろな自分のキャラクターに出会うチャンスでもあるわけです。

異性の親から得られなかったために表れる行動

なお、恋愛の学びには、もう一つ重要な側面があります。それは、小さな頃に異性の親からもらえなかったものを相手に求める、ということ。女性であればお父さんから、男性であればお母さんからですね。

先にお伝えした、抑圧している自分を相手に映し出すこととあわせて、この2本立てが恋愛における魂の学びに繋がります。

たとえば、小さい頃に抱っこしてもらったり、肩車してもらったり、一緒に遊んでもらったりなど、お父さんとの触れ合いを十分得られなかったという傷があったとします。けれど、これは大人になるにつれて忘れていってしまいます。

その結果、「私は何も傷ついていない」と思い込んで成長していくのですが、大人になって恋愛関係を築こうとなった時に、なぜかお父さんにそっくりな特徴を持った人を好きになってしまいます。

そうすることで、自分の中の傷を埋めようとするからです。自分の中の穴を埋める感覚で、この人と一緒になれば私の傷は癒されると錯覚してしまうのです。

けれど、自分ではそんな穴が開いていると気づいていないので、これはとても危険です。「この人が手に入らないと、大きな穴が、自分の傷が見えてしまう。でも、そんなものは見たくない！　そのためにも、どうしてもこの人を手に入れなければ」という思いから、恋愛依存症にはまっていくパターンは、実はよくあることです。

では、意中の彼と両想いになり、晴れてお付き合いが始まれば、すべて幸せになるかといえば、残念ながらそうでもありません。

なぜなら、自分の中にあるその傷に気づかない限り、その恋愛はうまくいかなくなるからです。でも安心してください。ここを癒せば、現実が変わっていきます。

恋愛を楽しみつつ、「私はこの人の中から自分のお父さんを探そうとしているな」という宿題もきちんとやりつつ、自分の傷を癒すことを行っていけば、好きな相手とも良い関係性を築いていくことができます。

一方で、自分の傷を癒さずに、好きになったその人で穴を埋めようとしている限り、絶対にうまくいかないのが宇宙の法則です。もしそれでうまくいってしまったら、その人は宿題をやらないままになってしまうでしょう。

すると、宇宙はその恋愛がうまくいかない現実をつくり、また次に出会う人も同じような人を出現させます。その宿題をやるまで、同じような現実を見せてくるのです。

たとえば、クライアントのMさんは、旦那さんとの関係に悩んでセッションにいらっしゃいました。恋愛から結婚に至って、ご自身では無意識のうちに「お父さんを手に入れた」と思っていたのですが、旦那さんはお父さんのように動いてくれません。そのうちにだんだんと「もう、こんな人だったの!?」と不満を募らせていました。

そこで、カウンセリングやヒーリングを通してMさんの中にある傷を見ていき、それを乗り越え、傷を癒せたことで、Mさんは旦那さんに自分のお父さんを求めなくなりました。

「この人はお父さんではなく、私の旦那さんなのだ」ということに、やっと目覚めたのですね。そうすると旦那さんからしても、自分ではない何かを求められなくなるので、以前よりラクに一緒にいられるようになりました。

Mさんに限らず、こうしてご自身を癒すことで、以前よりも二人が仲良くなるというのは、実はよくあることです。

このように一人の男性との間にある宿題を行いながら、恋人、夫婦、家族としてずっと続いていく関係は多々あります。

そういう場合、一つの宿題が終わると、また別の宿題が同一人物を通して表れていきます。自分の目の前にいる人はパートナーであれ友達であれ、変化するもの。実は日々、関係性は変わっていきます。そうして、一つの課題が終われば、次の課題を与えてくれる人になるというわけです。

その場合、必ず相手にも課題があり、お互いの課題がかみ合っている状態になります。

ソウルメイトに出会えれば、一生幸せに暮らせるというイメージが強い方もいるかもしれませんが、私自身、ソウルメイトというのはいないと思っています。

もし、ソウルメイトというものがあるとすれば、それぞれの学びと学びが一致した時だけ出会う相手ではないでしょうか。

ソウルメイトだからといって、一生一緒にいるとは限りません。だからこそ、共にいられる時間を大切に、お互いの魂を磨く相手として尊重できたら、こんなに素晴らしいことはないと思っています。

長く付き合っているけれどどうもしっくりいかない、いつも同じような人を好きになるけれど長続きしない、なんとなくパートナーにモヤモヤした感じがある人は、宇宙から「早く宿題をやりなさいよ」と言われているということ。

そこに気づかず、「次こそはうまくいくはず！」とか、「相手がもっとこうなってくれればいいのに！」と思っていても、決してその思いが報われることはありません。

好きになる相手は、自分の抑圧している部分を相手に投影している。もしくは、自分が異性の親にしてもらえなかったと感じている孤独や寂しさを相手に投影し、埋めてもらおうとしている――。

ここでお伝えした、恋愛にある2本立ての法則に気づいた方から、ぜひこの宿題に取り組み、素晴らしい未来を体験してほしいと願っています。

アイテム2●仕事

ワクワク感だけに頼ってはいけない理由

仕事に関して、私たちはスピリチュアル的な視点と現実的な視点の両方を持って、考えていったほうが良いでしょう。

スピリチュアルな視点で見た場合、仕事は自分〝らしさ〟を開花するためのアイテムでもあるからです。

宇宙は、仕事を通して私たちに、自分の〝らしさ〟を見つけてほしいと考えていますよ。

天職という言葉がありますが、ソウルメイトと同じく、仕事も皆さんの魂を目覚めさせるためのパートナーです。

「この仕事に就きさえすれば全部うまくいく！」というようなものは存在しません。

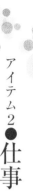

これを探している限り、一生納得のいく仕事には出会えないでしょう。なぜならそのようなものは存在しないからです。〝らしさ〟を探すために仕事があると思えば、仕事自体はある程度、自分の生活スタイルや条件で探せば良いのです。このように考えて生き始めると、どんどんと面白い仕事が舞い込んでくるので人生は面白いものになります。

さて、スピリチュアルな考えの中に、ワクワクすること、心地良いことを仕事としてやりましょう、という考え方がありますが、実際にはワクワクや心地良さだけでは、お金は入ってはきません。(ここは現実的な視点も取り入れたほうが良いです。)

心地良いことをやっているけれど、趣味の延長のようになってしまっている人も多いですよね。そういうところには、お金は集まりません。

お金を生み出す仕事にするのは、自分自身のワクワクや心地良さに、プラスαが必要です。そのプラスαとは、お客様に満足していただけるくらいにできているか。この部分が非常に大事になってきます。

たとえば、あるアロマセラピストさんがいたとして、「私、アロマセラピーは自分で心地良いからやっています」と言われたら、どう感じますか？

もしくは「アロマセラピーのスキルはどのくらいありますか？」と質問した時に、「んー、アロマセラピーは別に得意なわけではないけど、アロマの香りを嗅いでいるとワクワクするんです」と言われたらどうでしょうか。

正直言って、「この人にはお願いしたくないかも……」と思うのではないでしょうか。本当にお金を生み出していきたいのなら、このあたりを現実的に考えていく必要があると思います。


自分には人にお金を払ってもらえるくらいのスキルがあるかどうか。この部分はワクワクの前に、しっかり考える必要があります。

もし、ワクワクと得意なことが別だとしたら、まずは得意なことを仕事にしていくことをおすすめします。そのほうが成功する確率は高いからです。


ワクワクとはスピリットの感覚です。そのため、頭で考えたワククワクというのは、ほぼ間違っています。

自分にとって興味深いこと、楽しいと思えることを仕事にするのは、悪いことではありません。

ただ、仕事というのは、自分以外のお客様や取引先、クライアント様などがいて、その人が喜んでくださって、初めて成り立つもの。

また、お金を稼げる仕事をしていくには、相手のニーズや時代の流れ、人の動きなど、さまざまなことを考えて、そのうえで自分が人を満足させられるものを提供できるかどうかを考えなくてはなりません。

こうしたシステムを考えると、ワクワク感や楽しいと感じることだけで、ずっと仕事としてやっていくことは難しいでしょう。

ワクワクすることを仕事にして、自分が思い描いていた理想を崩壊させてしまうより、まずは自分が得意なことを見つけて、そこでしっかり相手に喜んでもらえることをしていく。

仕事での成功を望むのであれば、まずはそこから始めてみると良いと思います。

〝らしさ〟への探求が一番の近道

「仕事を利用してどんどん自分の〝らしさ〟を見つけましょう」

とはいうものの、最初から自分の〝らしさ〟はわかりませんよね。

ですから、就く仕事はこだわらなくて良いのです。

目の前にある仕事は、必ずそこで自分の〝らしさ〟を見出だせるものとなっているはずです。

もちろん「この仕事はつまらない」「給料が低いからイヤ」などと思うこともあるでしょう。

ご自身の生活スタイルやなるべくイヤイヤやらなくても良いものを選んで仕事に就くと良いですが、仕事は毎日の仕事中の出来事の中から、〝らしさ〟を探すためのものだということを忘れないでください。

そしてプラスαで現実的な視点も忘れないこと。仕事は、お金が発生している以上、辛いことやストレスはある程度付きものです。

たとえば、セラピストや会社の事務、アパレルの販売員など、いろいろな仕事がありますが、それぞれの仕事の中でも〝らしさ〟は自然と出てくると思うのです。そこで自分らしいものが表現できていればいるほど、仕事が増えるというのが宇宙の法則です。

私の場合、仕事はスピリチュアルヒーラーです。

この職業名自体は何も意味をなしません。とにかく私がやるべきことというのは、この仕事の中で〝らしさ〟を見つければ良いだけです。

そして見つければ必ずそれを表現する。この繰り返しとなります。

逆に言うと、これを繰り返していった先に、〝スピリチュアルヒーラー〟という名前が後からついた感じでしょうか。

本来は仕事に名前などないものなのですが、名前がないと不便なので一応そう名乗っている感じで、私の職業は私が〝らしさ〟探しの中で見つけた私のスピリットのキャラクターを集めたものです。

そしてこれからもまだまだ集められる予定です。

つまり仕事は常に変化し続けるものであって、職業と呼ばれるものなど、本当は存在しないのです。

たとえば〝らしさ〟の探し方はこういった感じです。「今、世の中ではワクワクすることが流行っているらしい」ということから、クライアントさんたちがワクワクするようなヒーリングをしようとしたとします。

しかし、私のヒーリングはクライアントさんたちをワクワクさせることや、その方達の見たい現実を見せるものではありません。

にもかかわらず、私がそのことを忘れ、流行っているからといってそのニーズに応えるようなヒーリングを施すことは、私の〝らしさ〟から遠ざかってしまうわけです。

私の〝らしさ〟とは、時にスパルタなこともあり、時にクライアントさんにとって耳が痛いことを伝える点でもあります。

クライアントさんの目先の幸せではなく、真の幸せを考えてヒーリングを施すことが私の仕事のわけです。

けれど、このように、私が自分のスピリットが持つ〝らしさ〟から外れたことをすると、どんなに流行りのワクワクに乗ったとしても、クライアントさんはだんだんと私を訪ねては来なくなるでしょう。

集客や仕事がうまくいかない現実こそ、「そのやり方はあなたの〝らしさ〟から外れていますよ」という宇宙からのメッセージ。

この時に、「どうやったらうまくいくの!?」「なんで私にいい仕事をくれないの？」と考えても答えはありません。宇宙からのメッセージに気づかず、現状をどうにかしようとあがいても、ドツボにはまるだけです。

では、一体どうしたらいいのでしょうか。

まずは、「ああ、私は今自分の〝らしさ〟から外れているんだな。では私の〝らしさ〟ってなんなのだろう」と自分自身を見つめる方向に意識を持っていく。

うまくいかない現実に直面した時は、毎回必ずこれを考えなくてはなりませんが、こうしたほうが断然早く、仕事がうまくいかない状況を抜け出すことができます。

ヒーリングでもいろいろ方法がありますが、その中でも私自身、私の〝らしさ〟とは、どういうことだろうとよく考えます。

もちろんそこからずれることもありますが、そういったときは、セミナーをしてもなんとなくしっくりきません。その感覚を持ち帰って、なにがどう自分〝らしく〟なかったのか。それを1、2カ月間、存分に感じ続けます。

ただ、ここで気をつけていただきたいのは、一生懸命に頭で考えようとしないこと。頭で考えてしまうとまたマインドが邪魔をしてくるので、なるべく身体の感覚に集中するようにしてください。

スピリットと身体は、スピリットとマインドよりも近い存在にあります。ですから、身体の感覚にフォーカスするようになると、スピリットが何を言っているか次第にわかってくるようになります。

もちろん、すぐに気づけなくても大丈夫です。

これは、マインドとマインドの間にかすかに感じる身体の感覚のことですが、これを続けていれば、ある日自然と答えが出てきます。

それに即して、今度は少し違ったやり方を試してみる。この繰り返しで、自分の仕事を少しずつ広げていくのです。

会社勤めの方でも、これと同じことができるはずです。

結局、このようにして自分の〝らしさ〟を追求していくことが、自分の得意分野を知ることに繋がっていきます。

得意なことをやっていると、必ずそこには他者からのニーズが生まれます。そうして、だんだんと仕事として回っていくようになるのです。


そもそも仕事は、毎日努力がつきまとうもの。それがなくなるということはありません。それを無理なくできるものが、自分にとっての得意なことになります。ワクワク感を大切にするというと、「努力なんかしなくてもいいや！」と思ってしまう部分もありますが、仕事は一生努力が必要なものです。

ただ、その努力も必死でやるというよりは、好きだからこそよりよいものを提供したいと思い、自然とそうなっていく感覚です。これこそが、自分にとって無理なくできること。これはその人のスピリットが本来持っているものだからです。

もし今、自分にとっての得意なことがわからなかったら、無理にそれを探そうとしないでください。そういうことに出会いたい思いがあると、逆に苦しくなってきてしまいます。

そうではなく、目の前にすでにあるいろいろなことに挑戦していく中で、「あ、これは楽に努力ができるかも」「がんばらなくても人より上手にできるかも」ということを探していき、死ぬ前までに私らしさがたくさんあったな、と思い、また、「人生という名のゲームは成功！」くらいの感覚でいたほうがいいでしょう。

自分にとって得意なものは何かをわざわざ探そうとするより、今やっていることが、宇宙から「やりなさい」と言われているのだと、受け入れることがまずは大事です。

それは必要があって起きていることですから、ただひたすらにやってみるのが一番。

目の前に置かれたことの中から、その意味をどう理解するかがとても重要です。

そして、ある日気づいたら最初は1個だけの〝らしさ〟だったのが、与えられた仕事を続けていく中で、10個くらい貯まっていきます。

そうなると、〝らしさ〟が1個だけの人よりも、10個ある人のほうにおのずと需要は増えていくわけです。

実は私のチャネリング能力は、10代の頃ファストフード店でアルバイトをした時に見つけた〝らしさ〟です。当時は摂食障害があったので、自分で働かないとお金が全然回らず、バイトをすることになったわけですが、ちょうどその頃、ファストフード店は全盛期。

レジが10台くらいあり、お昼の時間になると各ラインに30人くらいのお客様が並んでいました。

とにかく速く数をこなさなければいけなかったのですが、当時は自分でも気づかないうちにチャネリング能力を使っていました。

「あ、この人、絶対にてりやきバーガーだ」などというように、注文を聞く前から何をオーダーしてくるかがわかるので、それをレジで打つと、そのオーダーが後ろのキッチンに届き、商品が用意されます。

先にオーダーを打っているので、そのお客様から注文を受けた時には、すでにもう商品ができている状態。私のレジだけ驚くほどレジの回転が速かったのです。

さらに、やればやるほど、このチャネリング能力は磨かれていきました。

だんだんとそれが面白くなってきて、たまに読みが外れたとしても「一体、何が悪かったのだろう？」と、さらに自分の力を研鑽するきっかけにもなりました。この時の体験は、今の仕事にもものすごく生きています。

もし、ファストフード店での仕事をしていなかったら、今のようなヒーラーとしての仕事はできなかったかもしれません。

そういう意味でも、本当に無駄な仕事はないと思っています。


ここでもう一つ、宇宙からのメッセージとして、わかりやすい出来事がつい先日あったので、ご紹介します。

私はオンラインでコースの講義を行っていますが、ある日、数人の受講者たちをパソコンの画面越しに見ながら、ホワイトマジックで大切な秘儀を伝授する時間がやってきました。

ちょうどそのやり方をお伝えしようとした時、1人の生徒さんのインターネットが急に落ちてしまい、接続できなくなってしまったのです。

そして、ほかの人たちに伝授し終わった頃、接続が直って彼女はその場に戻ってきました。

その時、彼女は半泣きで「私だけ伝授されなかった」と、がっかりしていたので、

「宇宙からのあなたへのメッセージはなんだと思う？」と尋ね、「答えは自分の中にあるから、自分に聞いてみなさい」とお伝えしたところ、彼女は「MOMOYOさんからのホワイトマジックさえ受け取れば私は目覚めて幸せになれる」という執着が答えでした。

なぜ、伝授し始めた時にちょうど接続が落ち、伝授が終わった後すぐに戻ることができたのか。

この時の宇宙からのメッセージは、「ホワイトマジックの秘儀さえ手に入れれば、幸せになれると執着している自分から目覚めなさい」だったわけです。

このように、宇宙はこのメッセージを送るために、わざわざそのタイミングでインターネットの接続を落とし、ちょうど終わった頃に戻していたわけです。

さらに、それを目撃させてもらったほかの参加者さん達も、「必要なことは必ず目の前で起きている」というメッセージをまざまざと見せつけられたようでした。

私たちはつい、何かを得ることや手に入れることをよしとしてしまいがちですが、「得ること」だけが人生ではありません。

常に自分の目の前に、宇宙からのメッセージは落ちているのですから、それをそのまま受け取っていくだけでいいのです。

今、どんな仕事をしていたとしても、「それによって宇宙は何を学べと言っているのだろう」と考えて、メッセージをちゃんと受け取り、自分の〝らしさ〟に気づいていく。それを意識して日々を過ごしていたら、必ず答えは見つかります。

今、目の前に起きている現実に無駄なことは一つもありません。

宇宙は新しい出来事を差し出してくれるので、自然と状況は変わっていきますよ。

ぜひ、仕事を通してスピリットの〝らしさ〟に目覚めていってください。

アイテム3●お金

「これが私」と言えたことで業績UP

自分の〝らしさ〟が増えていけば、ご自身にとって必要なお金は巡ってくるようになります。

しかしここでも、お金を増やすことが、目覚めの目的ではないことを理解してください。

基本的にお金の学びとは、自分の〝らしさ〟を見つけて、それを表現することが大事になります。お金を得るためには、「これが私ですよ」ということを自分以外の人たちに、わかりやすく見せていく必要があります。

実はここが難しいところで、たいていの方が「こんなことをやったら変かな」「こんなことして、なんて思われるかな」などと躊躇し、ほかの人と同じような無難なことをしがちです。

けれど、本当にお金を生み出したいと思うのなら、他者の目を気にして、みんなと同じようなことをするのではなく、とにかく〝らしさ〟を見つけ、一つでも多くそれを世の中に見せていく必要があります。これをただ続けていくだけで、自然とお金は増えていきます。

私のクライアントさんの中にも、自分の〝らしさ〟を前面に出したことで、飛躍的に仕事の数が増えた人がいました。

彼女はもともとバリバリのキャリア志向の人だったのですが、心理カウンセラーとしてデビューした時のことでした。

彼女は当初、「心理カウンセラーとは優しくあるべき。柔らかい雰囲気であるべき」という思い込みがあったため、本来の〝らしさ〟を消して、優しく柔らかい物腰でクライアントに接していました。

ところが、どんどんクライアントさんがいなくなってしまったそうです。

そこで私は「あなたの〝らしさ〟は、これまでやってきたバリバリのキャリア志向な部分で、それをそのまま出してやればいいのでは？」と伝えました。

すると彼女は「これまでの私を出すのは心理カウンセラーっぽくないのではありませんか？」と言うのです。

「でもそれがあなたが前職で見つけた〝らしさ〟ですよね？　一度自分らしくカウンセリングをやってみたら？」とすすめたところ、クライアントに対する愛は持ちつつも、厳しめの物言いで接するようになり、今となっては、収入も随分とＵＰしたそうです。

この時、トラウマをクリアできるチャンスが訪れる

お金に関する学びはもう一つあります。

私たちは誰もが幼少期に、お金に対するトラウマを作っており、それを解放するために必要な現実がやってきます。

たとえば、小さい頃にすごく貧乏をした人は、普通の人以上に「絶対にお金持ちになる！」と思いがちです。すると、お金を追うような人生になり、お金を増やすこと

にものすごい情熱を注ぐようになります。
それによって一時的に成功するのですが、どこかのタイミングで、お金をだまし取られたり、突然ビジネスがうまくいかなくなったりという現実がやってきて、またお金がなくなる体験をすることがよくあります。

その人のトラウマによって、そうなる理由は異なりますが、ある方の場合、小さな頃に貧乏だった影響で、その人の中に「お金持ちは敵」というイメージが焼きついてしまっていました。

すると、お金が増えていくことで、今度はどんどん自分が敵に近づいてしまったそうです。

貧乏だったことで、お金持ちにひどいことを言われたり、見下されたりした経験から、絶対にあの人たちを見返してやろうとお金を増やしていったら、今度は自分が敵だと思っていたお金持ち側の人間になってしまう……。

敵だと思っていた存在に、自分がどんどん近づいているのですから、必ず恐怖が内側から湧き出てきます。そしてどこかで必ず「ガシャン！」と、お金持ちになりかかっている自分の状況を壊しにかかるわけです。

この場合、宇宙が投げかけてくれているのは、「お金を追うのではなく、自分の中にあるお金の傷を癒しなさい」というメッセージです。

お金にまつわる出来事には、宇宙からのメッセージがたくさん入っています。

その人が持っているトラウマにもよりますが、どこかの時点で「その傷を早く癒しなさい」というメッセージが投げかけられ、必ずそのトラウマが現実化するわけです。

もちろん、逆のケースもあります。親がものすごいお金持ちで、お金で解決されてきたことが、大きなトラウマになっている人も少なくありません。

たとえば、あるセレブリティの女性は、非常に裕福な家に生まれましたが、なんでも親がお金でコントロールしてくることへの恐怖と嫌悪が、トラウマとなっていたとのこと。

そこで、「私は親が稼ぐお金以上の額を稼ぐ」と決めて仕事に邁進し、もうじき目標が達成できると話している様子が、あるドキュメンタリー番組で映し出されていました。

それを見たときの第一印象は、「すごく苦しそう」でした。莫大な額のお金を稼ぐことよりも、彼女自身の中にある傷に気づき、そこを癒すことこそが、本来彼女がやるべきこと。けれどもそこに気づかず、お金儲けに翻弄されているのは、本当に苦しいだろうなと感じました。

このようにいばらの道を選ばなくても、お金にまつわる自分の中の傷を癒し、自分の〝らしさ〟に気づくことができれば、自然とお金には困らない生活になっていきます。

ただ、誤解しないでいただきたいのは、そうしたからといって、すべての人がものすごいお金持ちになれるわけではないということ。それにその人が人生で担おうと決めてきた役割によって、どれだけのお金が手元に来るかは違ってくるからです。

この人が自分の役割を果たすにはお金がたくさん必要そうだとなれば、宇宙はその人の元にガッとお金を集めてくれます。逆に、そこまでお金がなくても、その人らしい人生を送れる人には、そこまで大きな額のお金を集めてはきません。このあたりも、宇宙は実に合理的なのです。

お金がないことがそこまで苦しくないのであれば、それはそれでいい。逆にお金が集まると苦しくなるというスピリットもあるので、困らない程度にあるのが快適であれば、それはそれでいいのです。

そうしたことを度外視して、絶対にお金持ちになりたい気持ちが強すぎる場合も、やはりスピリットからずれた生き方になってしまいます。

たくさんの方のお話を伺う機会がありますが、その中には「絶対に相手がお金持ちじゃないと結婚しない！」という方も少なくありません。

実はこれ、「自分で自分を無能だと思っている思い込みから目覚めましょう」という、宇宙からのメッセージでもあります。

そこまでお金持ちにこだわるのは、相当自分を無能だと思っているはずです。

お金持ちは、いわば一つのブランドですよね。それが手に入れば、自分は輝くことができ、所帯じみたサラリーマンがパートナーでは、自分は輝けないと思い込んでいるのです。

ここで大事なのは、お金持ちの男性を追いかける前に、なぜ、そんなに自分はお金持ちの男性にこだわるのか。そこから何を欲しているのか。これを自分の心に問うこと。そうすることで、真の幸せへの近道が見つかるはずです。

自己愛が増えると増えてくるもの

　私がこの仕事を始めた頃、お金を取らないヒーラーさんがクライアントとして来てくださったことがありました。

「人助けは好きだけれど、毎月支払いに追われていて自分の生活自体がうまく回らないので、どうすればいいか？」というお悩みでした。この悩みを聞いて私はビックリしたのを覚えています。

　私はイギリスでこの仕事を始めましたが、当時、日本には無料のヒーラーやスピリチュアルマスターがたくさんいたようなのです。

　これはまさに、そのヒーラーさんやスピリチュアルマスターさん自身が、スピリチュアルを間違えて捉えていたのだと思います。

「ヒーラーやスピリチュアルマスターはマリア様のように優しくあるべき」「優しい

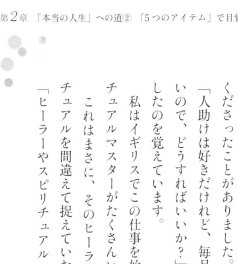

人は無償でサービスを施すべき」というように。それでこの方も、お金を取らずに人助けに徹して、結局自分がお金に困るといった問題に直面したわけです。

こういった方々のおかげで、私が日本でヒーリングセミナーを開催すると、いろいろな方から、「ヒーリングは受けたいですが、お金がありませんので無料にしていただけませんか？」と問合せをいただくことが多々ありました。

世の中にはボランティアという形を取り、無料で仕事をする人ももちろんいらっしゃいますが、この世の中のほとんどの仕事は有料です。

皆生活をするために仕事をし、お金を稼いでいます。それは私も同じです。日本でセミナーをする際、ヒーラーだからといって飛行機やセミナー会場が無料になるわけではありません。目覚めたからといって私の家の家賃を宇宙が払ってくれるわけでもありません（笑）。

本当の意味で、自分の仕事に自信が持てるようになると、こんなに素晴らしいサービスは、無料で人に与えてはいけないという感覚が、自分の内側から湧き上がってくるはずです。

こんなに一生懸命作り上げたサービスなんだから対価をもらうのは当たり前のこと、というような気持ちになると思います。

〝らしさ〟を開花していくと自己愛が内側から増しますから、こういった感覚になってくるわけです。

これは受け取るときも同じ感覚になるはずです。愛と情熱のこもったサービスや作品などを無料で受け取ると、とても申し訳ない気持ちになり、何かしっくりこない感覚が身体に残るはずです。

私たちは、自分の仕事に自信が持てない時に、たとえば「ヒーラーは無料奉仕すべき」というようなとらわれに頼りたくなってしまうものです。こういったとらわれに流されそうになる時は、「なぜ自分の仕事に自信が持てないのか？」と内側の自分に問うようにすると良いです。

大概は、自分の〝らしさ〟を見ず、そこからかけ離れた仕事をすることで、仕事に対する自信が持てないでいることが多々あります。

お金に関しても、マインドの思い込みというものをたくさん見つけることができます。

「お金を儲ける人は汚い」「スピリチュアルはビジネスにすべきではない」「お金がない私は人から相手にされない」「料金以上の仕事をすべき」「良心的であるべき」などなど。

こういったとらわれがご自身のマインドの中にある場合、お金に関して悩むような現実が宇宙から寄せられるはずです。

「早くこういったとらわれから目覚めて、〝らしさ〟を開花してくださいね」というメッセージですね。

ここまでお読みいただいておわかりだと思いますが、お金と心はものすごく密接に絡み合っています。

お金にまつわる魂の学びの一つは、自分の〝らしさ〟を集めていくと自然にお金は回るということ。もう一つは、自分のトラウマを癒すために、それぞれに見合ったお金の現実がくるということ。

そして、自分の仕事に自信が持てるようになるために、まずはマインドのお掃除をしましょうということ。

こうした宇宙からの宿題をクリアしていけば、おのずとお金とも仲良くできるようになっていきます。


これは単なる私の個人的な意見として聞いてください。

私は皆さんが健全にお金を稼ぐことに、誇りを持ってほしいと思っています。

お金を稼ぐことや、もっとお金がほしいと思うことに罪悪感を持っている方が非常に多いのですが、罪悪感を抱くのではなく、むしろ「働いた分、お金をちゃんといただくことは自分をタダ売りせず、しっかりと自分のことが愛せていて偉いぞ！」と思ってほしいのです。「お金が欲しいと思うことは、生きることに意欲的だ！」とご自身を褒めてあげてほしいのです。

お金は追ってはいけないと思うから追いたくなる。欲しいと思ってはいけないから余計欲しくなる。

けれど、その抑圧が取れ、「お金があるっていいね！」と思えるようになることで、現実が見えやすくなり、お金に振り回されなくなります。

私がお金を稼ぐようになって一番良かったことは、仕事の幅を広げられ、より多くの人の心が救えるようになったこと。

お金がなければ、日本に行って会場を借りてセミナーを開催することもできませんし、綺麗な衣装で登場して皆さんに希望を与えるという演出さえも叶わないわけです。

私はイギリスで会社経営をしていますが、この12年間は毎年、収益の45％を税金として納めています。収益のほぼ半分は税金です。

この税金は、市民病院や公立の学校、薬物依存のリハビリ施設などに使われます。

今回の、COVID-19によりイギリスの市民病院はたくさんのお金を要しました。

そんな時、私は病院で働くことはできないけれど、「せめて税金がたくさん払える人で良かった！」「このお金できっと何人もの人の命が救えたはず！」と思えて自分のことをさらに褒めることができました。

当時のローカルの小さなカフェやヘアーサロン、または家を修繕してくださる大工さんなどは、イギリスのロックダウン中はまったく仕事がない状況。

ですからロックダウンが明けた時には、なるべく毎日そういったサービスを使うようにし、少しでもビジネスを盛り上げることに貢献することもできました。

私の親友は、ロックダウン中、綺麗なお花のブーケを私の家の玄関の前に届けてくれました。ローカルのお花屋さんに貢献するため、自分の大好きなお友達にお花をオンラインオーダーして、それを配り歩いていたのです。

イギリスのロックダウン中は、家が近くてもお友達に会うことも禁止でしたから、そんな花を見ただけでとても癒されました。

お金があると人を支えることも喜ばせることもできます。もちろんそこに愛があることが前提ですが。お金を稼ぐことや、お金が欲しい、と思う気持ちを否定せず、自分が稼げばその税金で人が救われるように考えてほしいと思います。

もちろん政府の税金の使い方に関しては、いち国民としてしっかりと意見していく必要があります。

しっかりと税金を納めると、政治も他人ごとではなくなってきます。

こうして一人ひとりが、世界の一員であるという認識をしていくことで、また政治のあり方なども変化していくのだと思います。

アイテム4●健康

自分に嘘をつき続けていると……

マインドからの呪縛にはまって、自分ではない人を演じ続けると、私たちはいつか必ず病気になります。病気になるのは、一見悪いことのように感じますよね。身体のどこかに痛みがあったり、不調があったりすると本当に辛いのですが、実はそういう時こそ自分のマインドを見るチャンスです。

基本的に、自分ではない自分（マインド）を長年続けていると、まず心が壊れてきます。そして、その次に身体が壊れていきます。

以前、セッションにいらしたAさんはシングルマザーで、フリーランスでデザインのお仕事をされていました。けれど、フリーランスのために将来的な保障がなく、そのことに不安を覚えていました。

そんなある日、某保険会社の方から「掛け持ちで保険の仕事をやれば、退職金も出るし、何かあったときに会社が守ってくれるよ。デザイナーと保険と両方やってはどう?」というお誘いを受けたそうです。


老後のお金のことで子どもに迷惑をかけたくないと思い、二足の草鞋を履いたものの、お金のためだけに、らしくもない保険の仕事を続けることはものすごく大変だったそうです。毎日イライラして過ごすようになり、ちょっとしたことでお子さんと喧嘩することが増えてしまいました。

だんだんと自分に余裕がなくなり、結局途中で肺炎になって倒れてしまい、緊急入院で10日間病院で過ごすことに。

入院中、宇宙からのメッセージはなんだったのだろうと考えたそうです。そして見つかった答えは、らしくない保険の仕事を自分に嘘をついてやっていたということでした。現在はデザイナーの仕事一本で頑張っていらっしゃいます。

Aさんの場合は、途中で気づいて自分の〝らしさ〟が生きてくるデザインの仕事に戻ることができ、健康を取り戻すことができました。けれど、お金のためだけで自分に嘘をついてやりたくないことをやるのは、本当に心身を蝕んでいることが、このエピソードからもおわかりいただけたと思います。

また、健康を損なう人の多くは、自分の身体に嘘をつき続けていて、身体の声が聞こえなくなってしまっています。

病気になって、これまでと同じようなことができなくなるという〝ストップ〟がかかることで、自分は自分にどんな嘘をついてきたのだろうかと、自分に問いかけることも、時には必要になってくるのです。

心の病の場合も、同じようなことが言えます。精神科医のお医者様とお話しした時にうかがったところ、今、日本でもパニック障害は約100人に1人がかかるものなのだとか。

さらに、パニック障害は原因不明の突発的なものといわれていますが、実は人間が抱えられるストレス値の限界ラインは人それぞれ違っており、繊細な人ほどそれが低く、ストレス耐性がある人ほど、そのラインは高いところにあるということでした。

ただ耐性がある人でも、この上限ラインを超えると、パニックになってしまうというのです。そして、そのきっかけは、些細なことである場合も多いそうです。

たとえば、ストレス値がマックスまできていると気づかず、ホラー映画を観たことでそのタガが外れてしまい、脳が「危険ですよ！」と誤作動を起こすとのこと。

その危険信号によって心臓がバクバクしたり、呼吸困難になったりして、このまま死んでしまうのではないかという恐怖によって、パニックに陥っていきます。

またパニック障害が増えている現実を知らないままに、さまざまなストレスを日常生活の中で感じている人も多いことと思われます。

そして、その元凶は日本人の仕事に対する熱心さ、それから仕事と私生活を区別しにくい生活スタイルにあるとも言えます。

著名な方の中には「人生＝仕事」と捉えている方もいらっしゃいますが、これは万人には当てはまりません。

日本はカスタマーサービスなども素晴らしいですが、実際働く側の人達は身を削ってそれを行っているでしょうから、大変なことですよね。

昔は、いったん一つの会社に就職すると、この会社に骨を埋めるつもりで働きなさいと言われたそうですが、日本には少しその名残がまだあるのかもしれません。

欧米や他の国に比べると一生懸命会社のために働く人が多いのですが、そのおかげで自分の人生と仕事が同化してしまっている人も少なくありません。

子どもたちを見ても同じことが言えるかもしれません。たとえば、日本の場合は1カ月弱くらいの夏休み、2週間くらいの冬休み、1週間くらいの春休みしかありません。そしてこのお休み期間にも宿題がたくさん出され、塾や習い事もある子が多いようですね。

イギリスの場合、幼稚園や小学校の頃から、6週間に1回、1~2週間の休みがあります。そして夏休みは1カ月半から2カ月あります。もちろん宿題もありませんし、塾や習い事もお休みです。


このようにしてイギリスの場合は、頑張ったらしっかりと休みましょう、という感覚が小さな頃から植えつけられています。

この感覚のまま大人になるので、大体の人が6、7週間出勤したら、1週間の休みを取ります。私の友人の場合、夏休みはほぼ2カ月取ります。それが条件で今の会社に就職したのだとか。

私の近所にあるカフェは、8月は1カ月丸ごと閉店します。店の表に、「実家のイタリアに帰っています」という手書きの張り紙がしてあるだけです。

お休みを取りまくるイギリス国民のほとんどの方はキャンプに出かけたり、海外旅行に出かけます。家にいると家事をしなければならないので、それだとお休みを取っていることにはならないのが理由だそうです。

こんな国ですからカスタマーサービスなんてものもほぼ存在しないに等しいですが、自分の人生を仕事やお客様に投げ売らず、自分の人生を楽しむために仕事をするスタンスを、日本人は少し見習うと良いのかもしれません。

日本の場合は働く時間も長く、なかなか休みが取れない状況の人が多いようです。こういった方の場合も、自分の身体に嘘をついていないか、今一度自分の身体に聞いてみましょう。

自分には家族がいるので、そんな贅沢を言ってはいられない人もいらっしゃると思います。しかし、そう言ってそのまま身体に嘘をつきながら働いていると、いずれ心と身体が壊れ、まったく働けない時がきてしまいます。

そうすると、余計に家族や周りの人に迷惑をかけることになります。身体の感覚に嘘をつき続けることはできません。

個人的にはもう少し国全体でお休みを取ることの大切さを重視していただきたいと願うばかりですが、国が違うから仕方がないと言っては始まりません。ご自身のために、できることから始めましょう。

また先ほど、お金を稼ぐことに罪悪感を持たないようにというお話をしましたが、お金さえ稼げればそれで良いわけではないんです。

お金を稼ぐことは、それなりに体力も神経も使いますし、その分人生という限られた時間を仕事に割くことにもなります。

私自身は、お金で仕事を選ばないことに決めています。仕事とあれど自分の大切な時間ですから、この仕事なら時間を割いても良いと思える仕事のみ、やるようにしています。自分に向き合うことに真剣な方のみ、セッションやコースを開催しますが、他力本願な方には行わないというのも、この考え方からきています。

この肉体は、スピリットを表現するための大切な器です。この器があるからこそ、私たちはさまざまな行動ができ、いろいろな感情を感じ、たくさんの気づきを得ることができます。

宇宙からの宿題も、この肉体があるからこそできるわけです。ですから、いつかこの肉体が滅びてしまう時に、生まれる前に自分がやると決めていた宇宙からの宿題ができなかったことを、すごく後悔してしまうかもしれません。

ちなみに私のコースでは、身体の感覚と対話をしましょうという時間があります。身体がこり固まっていて、何も感じることができない方も多くいらっしゃいます。そう言った方々に、身体の周りのエネルギーにヒーリングをかけて緩めてあげると、突然身体のあちこちに痛みを感じ始め、そして滝のような涙が溢れ出します。

この涙は、自分の身体に嘘をついた分だけ流れ出ることになります。こういう場に一緒にいさせてもらうと、身体は生き物なんだなあと改めて感じることができます。心と身体は繋がっていますから、心が壊れても身体が壊れますし、身体が壊れても心が壊れます。

ご自身の状態に耳を傾け、自分の状態を自分で察知できるようにすることが、人生を楽しむためのポイントとなります。

アイテム5●子育て

一歩進めるヒントは実は子どもが出していた

子育てというのは、自分の幼少期の記憶を癒す時間でもあります。自分の中にある許せない自分、それと同じことを必ず子どもがやって見せてくれるからです。

それでつい、親は子どもに腹を立ててしまいます。けれど、本当は子どもにそれをやめてほしいのではなく、自分がそれをやりたいのです。

また、小さい頃に「それをしてはだめだよ」と言われたことが、私たちにはたくさんあります。子どもは、それも目の前でやってくれるのです。すると、自分は「だめ」と言われてやらないようにしてきたことを、必ず子どもがやってくれますから、ものすごく腹が立つわけです。

もちろん、そこで怒りを感じてもいいのですが、それと同時に「あ、私は今、何に引っかかっている？」「自分で何を許していないのかな？」と自分と向き合うチャンスにもすることができます。

たとえば、子どもがものすごくよく泣く子だとしましょう。そして、子どもに泣かれることにすごく反応してしまう親がいる。

そういう場合、その親は小さな頃に「泣いたらだめ！」と言われてきたことが考えられます。

自分に泣くことを許していないと、その人の子どもにはものすごく泣く子が生まれたりすることがあります。

けれど、そういった自分に気づき、自分の中の傷を癒すと、不思議なことにあれだけ泣いていた子どもが、あまり泣かなくなったりするのです。

子育ては毎日のことなので、かなり奥が深い学びを私たちに見せてくれます。毎日子どもと向き合うということは、毎日自分と向き合うということ。けれどその分、スピリットに目覚めるチャンスもたくさんあると言えます。

最近、虐待の件数が増えているのは、とても気になるところです。ただ、虐待してしまう親の中には、かなり深い傷があります。そして、虐待する方の多くは虐待されて育ってきた方々です。

そのため、逆に「虐待してはいけない！」「虐待なんかしたくない！」という抑圧が、虐待を受けていない人からは想像できないくらいにかかってしまうわけです。

そして、自分の心を抑圧すればするほど、人間というのは何かの拍子に爆発してしまいます。

虐待されなかった人たちには、そもそも「虐待してはいけない」という抑圧がそう強くありません。そのため、爆発もしません。

けれど、虐待されてきている人たちの場合、それが本当に辛いことだったので、「自分は絶対に虐待してはいけない！」と、ものすごい抑圧がかかります。すると、心理的なメカニズムからそれが反転し、必ず「虐待したい」になってしまいます。

虐待は子どもも傷つくし、その親も傷ついているわけです。だから、まずは親自身が、虐待された記憶と心の傷を持っていることに気づいていく必要があります。

それなのに、それをやってしまう自分がいる。そこでものすごく苦しんで、自己嫌悪に陥り、さらにそれをお酒やたばこで紛らわせて身体を壊す悪循環を、繰り返している人も多いのではないでしょうか。

またそうすることで、ますます周囲からは「あんな親だから仕方がない」という見方をされてしまう。こうした悪循環にはまってしまっている本人も、子どもたちも、ものすごく苦しい場所にいると思います。

なかなか向き会うのが辛い事柄ではあると思いますが、このことに気づくだけでも、一歩前進です。

そこから抜け出すためにも、まずは手をあげてしまったり、暴言を吐いてしまったりする自分がいることに親自身が気づき、ヒーラーやカウンセラーなど専門家の手を借りながら、心の傷を癒していくことが必要となります。

自分の過去のフィルターはスパッと外す

子育てにおいては、自分がやってもらえなかったことを、とにかく子どもにやってあげようとするパターンもあります。これは「私は親に〇〇をやってもらえなかった」という傷から発生しています。

「こんなことをしてほしかったのに、してもらえなかった！」という傷が親の内側にあり、その穴を埋めようとするかのように、全部子どもにやってあげてしまう。

一見すると、子どもが喜んでいるように見えるかもしれませんが、それは自分自身の投影であって、本当の子どもが見えていません。

たとえば、自分はいつもものすごく怒られて、怒鳴り散らされて育ってきたとします。そうすると、どこかの時点で「自分が親になったら、子どもには絶対に怒らないし、怒鳴らない。何があっても笑顔で穏やかに接する」と決めるわけです。

ただ、子どもは時には怒らないとだめな生き物です。ある程度のしつけは必要になるのですが、こういう親に育てられた子どもは、そのしつけが消えていくパターンに陥りがちです。

なぜなら、その親は子どもを悲しませることを極端に恐れてしまうから。これはご自身のインナーチャイルドの投影であり、その瞬間親が見ているのは目の前の我が子ではなく、子どもの頃に悲しい思いをした自分自身なわけです。

子どもの頃の自分を悲しませないようにしながら我が子に接するために、本当の我が子の姿が見えなくなってしまう。自分のインナーチャイルド（内なる自分、傷ついた子どもの心）を子どもに投影するために、こうしたことが起こってしまうわけです。そうして、怒らない親、そして暴君化する子どもというパターンができあがってしまいます。

子どもは、その子のありのままの姿を認めてあげていればまっすぐ育っていくものです。

「いい子育てをするために」「東大に我が子を入れるために」などという子育てのストラテジーがあるのかもしれませんが、基本的には自分のフィルターを通さなければ通さないほど、子どもはまっすぐ育ちます。

いかに親側が自分のフィルターを外して、ありのままのわが子と向き合うか。子育ては、それをやるための時間でもあるわけです。

なお、ここでいうフィルターとは、自分の中のインナーチャイルドのこと。このインナーチャイルドを持っていない人を、私はこれまで見たことがありません。すべての人の中に、必ずインナーチャイルドはいます。

子育てにおいては、インナーチャイルドがわが子と重なって出てくることが多いとお伝えしましたが、これは通常の人間関係においても、同じことが言えます。

ただ、友人や職場の同僚などといった人間関係よりも、子育てのほうがダイレクトにインナーチャイルドが出てきます。そのため、子育てというのは誰にとっても辛いことになるわけです。

いずれ結婚して子育てを楽しみたいと思っている方には、夢を壊すようで恐縮ですが、最初にこうした知識を頭の片隅に入れておいていただくのもいいと思います。現実を見て、こんなはずではなかったということが減るはずです。

もう一つ、最後に大切なことをお伝えしますね。

子育てというのは、こうしたインナーチャイルドの学びを必要とする人がするもの。ですから、この学びを必要としている人たちだけが子どもを授かります。逆をいうと、自分の中のインナーチャイルドをそこまで癒す必要がない人は、子どもを授からないというケースも多いのです。

我が子を通じて自分の魂を癒す必要がある人には子どもを授け、その必要がない人には子育てとはまた別の体験を与えてくれているわけです。

こうしたことからも、宇宙は本当に私たちの魂の学びを、いつも応援してくれていることがわかりますよね。

第3章

「本当の人生」への道③

身体と記憶の中から「スピリット」を呼び起こす

自分のマインドを観察する

スマートフォンとどう付き合っている？

ここまで本当の自分に目覚めることについて、そして、そのために有効な働きをする恋愛や仕事などのアイテムについて、お話ししてきました。

そのうえで、今回の本で一番伝えたいこと。それは、スピリチュアルに生きるためには、常に自分のマインドを観察することが非常に大事だということです。

自分が見ている現実の中で起きていることの答えは、すべて自分のマインドの中にあるからです。

そこでここからは、身体と記憶の中からスピリットを呼び起こす方法についてお伝えしていきましょう。

どんなことが起こったとしても、これを見つける癖をつけておけば、人生がとてもラクになります。それに気づいていない状態だと、人間というのは何かあった時、それを周りの人や出来事などのせいにしがちです。そして、それらを変えれば、自分の思う通りの幸せが手に入る。そう誤解しています。

この誤解のまま生きていると、何かあった時、「あの人がああなってくれれば」「あの時のあれがこうなれば」と、いつも外側に意識が向き、誰かを、何かを変えようとしてしまいます。

けれど、その相手も、出来事も、決して思うようには変わりません。

その現実を見せつけられて「やっぱりだめか。私は幸せになれないんだ」と落ち込み、「次こそは！」といって、また似たような現実を引き寄せ、同じように失敗し、落ち込み、そしてまた同じような現実を引き寄せ……ということを延々と繰り返すことになります。

それよりも、何か起きたら自分の中にその原因がないか、探していくことを習慣にしていけば、より早くスピリチュアルな生き方に目覚めていくことができます。

外側の何かを変えようとせず、内側の自分自身を変えていけばいいだけなので、現実の変化もスムーズに感じることができます。

今やマインドフルネスという考え方は、スピリチュアルな世界だけでなく、ビジネス界にも浸透しています。内なる自分に寄り添うことで、マインドを俯瞰することができます。またそうすることで、感情や思い込みに飲み込まれず、仕事の質が高められるといったことが、多くの方々に認知されてきています。

とはいえ、慌ただしい日常の中で、自分の内側に意識を向けることを忘れてしまうと、つい〝ながら食べ〟や〝ながらYouTube〟をしたりしてしまいます。もし、そんな自分に気づいたら、それをやっている時に、自分は内側で何を感じているかに意識を向けてみてください。

たとえば、スマートフォンを触っている感覚と、美しい緑に触れている時の感覚とでは、まったく違います。

スマートフォンの感覚というのは、すごく違和感のある感覚です。私の場合、これが近くにあると、高次元からエネルギーを降ろすワークができません。

このように、繊細に自分自身に意識を向けていくと、今よりも本当にたくさんの感覚に気づいていくことができるのです。

ただ、スマートフォンやテレビなどが、日常になくてはならないものとして入り込んでしまっている現代において、このような違和感に気づくのは大変で、無意識のうちに感覚を麻痺させている人が多いのも事実。

この世に存在するものには、すべて波動があります。もちろん、私たち人間も、それぞれの波動というものを持っています。そして、自分の波動に合うものを心地良いと感じ、合わないものを心地悪いと感じます。

たとえば食べ物でも、新鮮な食材は私たちの波動を高めてくれます。そして、そういうものを日々食べていると、私たちは自然と健康になり、精神的にも明るくなりますよね。

ところがスマートフォンの波動は、そもそも人間にはあまり馴染まないもの。ですから、生活に必要な最低限の時間だけ触れるくらいならいいのですが、四六時中触れていると、心身のバランスに歪みが生じてしまうわけです。

私は必ず別の部屋に置いて寝ています。実は私自身、一時期ものすごく忙しかった時は、いつでもスマートフォンを見られるようにしていました。ところが眠っているのに、スマートフォンを感じているという日々が続くようになりました。

ある日、「あれ……もしかして、これ？」と思い、スマートフォンの波動をよく感じてみたところ、「こんなによくないものと一緒に寝ていたんだ！」と気づいたのです。

それからは、時間を決めてスマートフォンをチェックするようにし、就寝時は別の部屋に置くことにしました。

けれど、こういうことも自分で感じようとしなければ、感じられないことなんですよね。

もし、部屋が狭くてそんなふうにはできない場合は、電源自体を切って、なるべくベッドから遠いところに置くなど工夫してみてください。

すると翌朝、身体の感覚が少しスッキリしていると感じられるかもしれません。

こうしたことの繰り返しで、繊細で感じやすくスピリットに近い心身はつくられていくのです。

実際はこんなにも「おしゃべり」をしている

スマートフォンだけでなく、最近はYouTubeなども、まずは波動で見てみるといいのではないかと思っています。最近のYouTubeは文字や効果音を詰め込んでいるものが、すごく増えています。

そういう動画を見ていると、自分のマインドがだんだんと無意識の状態になっていきます。そして、今自分が何を感じているのかが、わからなくなってしまい、少しぼーっとしてきて、洗脳されやすい状態になってしまいます。

スピリットの感覚というのは、自分の身体の感覚の奥にあります。ですから、YouTubeやテレビなどをぼんやり見る行為を通して、自分のマインドをジャンクで埋め尽くしてしまうと、まず身体の感覚がわからなくなり、その奥にあるスピリットなんて、存在すらわからなくなってしまいます。

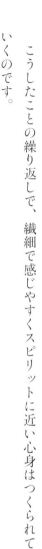

スピリットの感覚が途絶えてしまうと、人間は精神的な病気に陥りやすくなり、スピリットの感覚から外れれば外れるほど、心や身体が壊れていきます。

こうしたことを防ぎ、身体の奥にあるスピリットの感覚にフォーカスするには、まず自分のマインドが何をしゃべっているかに気づくことが大切になっていくのです。

マインドに意識を向けていくと、本当にさまざまなおしゃべりをしていることに気づきます。「あー、仕事面倒くさい」「ほんと、この人ムカつくな」「今頃、彼は何しているかな」など、ぜひ、さまざまなマインドを意識してみてください。

ただ、これらをジャッジする必要はありません。今、私はこういうことを考えているんだな、こんなことを思っているんだなと、気づくだけでOKです。このようにして、すべての事柄に気づいていくことをAwarenessといいます。

身体の感覚を本当に感じていると、テレビなどをつけた瞬間、多くの人が「ウワッ!」という感覚になると思います。

けれど、この感覚が麻痺してくるとそれもわからなくなり、家に帰ったらBGM代わりにすぐテレビをつけたりするようになります。気づかないうちに依存していくので、むしろ、そうして自分のマインドを麻痺させてくれるもののほうがラクになってしまうのです。

マインドは、基本的に「私は○○だからだめだ」という自己否定、「もっとこうするべき」などのジャッジ、「明日は○○だからいやだな」など未来への不安などで、私たちに暗示をかけてきます。

もちろん、いいことをしゃべる時もありますが、基本的には私たちを忙しくさせたり、不安にさせたりするようなことをしゃべっています。

要は、現在にいないわけです。

過去か未来のどちらかをしゃべっているのもマインドの特徴で、だからこそ私たちはマインドに振り回されていると疲れてしまうのです。

では、どうしたら、このマインドに振り回されなくなるのでしょうか。

それは、こうしたマインドのおしゃべりを、よくよく感じ取ること。

つまり、「私は今、そう思っているのね」と意識すること。すると少しずつ、マインドと自分自身に隙間ができてきます。そうなると、このマインドにコントロールされたり、とらわれたりすることがなくなっていきます。

ところが多くの人は感覚を麻痺させて、マインドを感じないようにしたり、それに振り回されてマインドと自分を同化させたりしているので、客観的にマインドを感じ取るのが難しくなっています。

それがもう現代社会には染みついています。そのため、商業ベースで生産されるものの多くは、マインドを麻痺させて依存させるようなものばかり。いかにそうしたものを売り出して利益を上げるかという考えに基づいて販売されています。

食べ物でも、ジャンクフードはマインドを麻痺させるので、売れていますよね。ほかにも、味が濃いものや刺激が強いものは、マインドを麻痺させます。

私が昔患っていた摂食障害も、押し寄せてくるマインドから逃げようとして、感覚を麻痺させるために食べ続けてしまう病気だったわけです。

スピリチュアルと言われているものであっても、麻痺させるものもありますから気をつけましょう。

クライアントが聞きたいことを言って、その人が本当に向き合わなければいけない問題からわざと気をそらせることで、クライアントを夢見心地にさせるなど。

たとえば、「高次元の自分に目覚めれば、波動が上がってお金がたくさん入るようになりますよ」と言ってみたり。

そういうセッションを繰り返して、クライアントに依存させるようなヒーラーやスピリチュアルマスターと名乗る人も、いないわけではありません。

けれど、本当にスピリットに目覚め、スピリチュアルな生き方をするために必要なのは、こういうことではありません。

本当に必要なのは、自分のマインドを意識的に見つめ、その中にどのような自己否定があるのか、なぜそういう自己否定をしてしまうのかなどを見ていくことです。

このようにして一つずつ自分の中にある原因をたどっていくうちに、そのマインドはなくなり、私たちはスピリットに還っていく人生をたどることができます。

それと同時に、自然と触れ合う時間を持つことも絶対的に必要です。自然は、スマートフォンやYouTube、テレビとは真逆のものです。

2週間に一度は自然が多い場所に出かける、散歩の途中で近所に咲いている美しい花をめでる、公園の木々に触れる、海辺の砂浜をはだしで歩くなど、意識的に自然と触れ合う時間をつくらないと、私たちの中に宿る生命エネルギーは次第に減っていってしまいます。


今、日本人の9人に1人は、東京に住んでいることをご存じですか？　それだけの人が自然から離れた場所にいると考えると、これは少し危険なことなのではないかと思うのです。なぜなら、それだけ多くの人が、スピリットの感覚から遠ざかるような環境で暮らしているからです。


けれど、世の中の仕組み自体に、人間の感覚を麻痺させて依存させ、商品を売ってお金を儲けようという考え方が含まれており、スピリットの感覚から遠ざかるようにデザインされています。

これがブラックマジックです。

そこで、このからくりに気づいた人から、自分の意識をマインドに向けることを介して、自分自身のスピリットに戻っていくことが大切になります。

ただ、こういうことを言うと、「ヘアカラーもしないほうがいいですか？」「メイクもしないほうがいいですよね」など、極端に走る方々がいらっしゃいますが、そういうことではありません。

髪の色を美しく保ちたいのであれば、ヘアカラーをしてもいいでしょう。美しい自分でいるためにも、女性にとってメイクは大切なことだと思います。

忙しい毎日を過ごす女性たちにとって、ときにはジャンクフードやコンビニ弁当でお腹を満たすことも必要でしょう。

常識や既成概念にとらわれることなく、自分にとって、どんなことが心地良いのか。それを感じながら、自分のマインドを客観的に見る癖をつけていく。

こうしたことをベースに生きていけば、私たちは自然にスピリットに戻っていくことができます。

身体の感覚からアクセスする

長い間自分の感覚を麻痺させてきた人にとっては、自分のマインドを見るのは、なかなか辛い作業になります。

マインドを観察する力を失ってしまっているクライアントさんの中には「一緒にマインドを見ましょう」と言っても、「頭が真っ白で何も出てこない。私はマインドがないみたいです」と言う方もいらっしゃいます。

このように、なかなか自分のマインドにアクセスできない方の場合は、身体の感覚を目覚めさせることから始めるのがおすすめです。まず身体の感覚を呼び起こさないと、スピリットの感覚に到達することができないからです。

先ほど申し上げたスマートフォンを手に持った時の感覚、テレビをつけた時に「うわっ」となる感じ。これらも身体の感覚です。

私のクラスで、身体の感覚を目覚めさせることを行う場合も、ほとんどの方の身体の感覚がほぼ眠っています。けれど、エネルギーを使って身体の感覚を目覚めさせながら、皆さん自身でも身体の感覚に意識していただくようにすると、ほとんどの方の身体の感覚は目覚めてきます。

また、おすすめしているのが、ヨガや有酸素運動です。これらに共通しているのは、行っている間は身体の感覚に集中せざるを得ないということ。

身体を動かすことにより、私たちのマインドはひとときの間休むことができます。もちろん最初の頃は、考え事をしながら運動してしまう人もいると思います。けれど、続けているうちに、運動中はマインドがお休みするようになります。

マインドがお休みの状態を感じられる時間を作ることが大切であり、1日に1分でもいいので、マインドがお休みしている状態の自分を感じるだけで、私たちのメンタルは穏やかになります。

なぜならマインドがお休みの間は、自然と内なる自分に寄り添うことができるからです。内なる自分、つまりは本当の自分、スピリットの自分。

一方で、マインドのおしゃべりのままに生きていると、マインドに振り回された人生になっていることすら、気づくことができなくなってしまうので注意しましょう。

本当の自分は常に胸の内に存在しますが、マインドに気づき、その奥にある内なる自分を感じようとしない限りは、この忙しい社会の中で本当の自分を感じることは不可能とも言えます。ですから、まずはマインドとはどういったものなのか、自分のマインドを知るために意識を向けることが大事で、それからマインドをあえてお休みさせる時間を作ることが大切になってくるわけです。

もう一つのおすすめは、何をするときも無意識に行わないことです。YouTubeなど見ながら漫然とご飯を食べることよりも、しっかりとごはんの味や食感を感じるように食事をするなどしないと、マインドを麻痺させてしまいがちなので気をつけましょう。

最近は食べ物も柔らかいものが増えていますよね。実はこれも〝ながら食べ〟にぴったりなのです。たまには玄米など歯ごたえのある食材を取り入れて、食べて味わう喜びを身体全体で楽しんでみましょう。

色に対する感覚も大切です。人間は無意識のうちに自分に必要な色をインテリアや小物、洋服などに取り入れたりして、身の回りに配置していきます。

たとえば、赤という色が好き、もしくは目につく場合、自分の中の生命力や情熱などが活性化されている、もしくはそれらが枯渇しているために、赤を身の回りに置いて補充しようとしていることがあります。

私の場合、セミナーなどの時に、視聴してくださる皆さんに必要なのは何色かを考えて、そういうものを自然に集めるようにしています。

サイキック能力は誰にでもある

私はサイキックヒーラーとしても活動しているので、よく「サイキックってどんな感じなの?」「生まれつきなの?」などと聞かれることがあります。個人的には身体の感覚が敏感なのだと思っています。

この敏感さを追求していくと、自分の目の前にある現実のすべての情報を感じ取れるようになります。

幼い頃の私は、確かに周りの子たちとは感覚が全然違っていました。子どもは大人に比べると、かなり感覚が鋭いのですが、私の場合はそれに輪をかけて身体の感覚が全開だったため、普通に生活するのも大変でした。

怖かったり気持ち悪かったりして、行けない場所もたくさんありました。自分にとって「この場所は嫌な感じがする」場所にうっかり行ってしまうと、突然恐怖や気持ち悪さが湧き上がってきて、パニックになってしまうのです。

けれど、まだ幼かったために、なぜそうなってしまうのかをうまく説明できず、親をすごく困らせていました。

また、周囲の人に対しても、その人の姿形よりは、その周りにあるエネルギーで見ていました。そのため、意地悪な波動を出している子がいると、それが自分に対してでなくても、それだけで学校に行けなくなってしまいました。

周囲を波動で読みすぎて、心身のバランスを崩していたわけです。今なら説明ができるのですが、子どもにこの感覚をわかるように説明しろというのは、しょせん無理な話だったと思っています。

ただ、こうした能力は第2章でもお話ししたように、10代の頃にファストフード店でアルバイトをした時に、この世に役立てる使い方がわかるようになり生きてきました。

もう一つ、他の子たちに比べて際立っていたのが、何でも先読みできてしまうことでした。相手が思っていることが、いつもなんとなくわかったので、言われる前に動くことが私にとっては自然なこと。

逆に、先読みしないということがわからず、「なんでみんな、言われてから動くんだろう」と思っていました。

これは今でいうテレパシーだったと思うのですが、学校の先生が「○○をやってほしい」と思っていたらそれをキャッチして、言われる前にもうやったりしていました。

私の親は先生たちから、「すごく気が利くお子さんですね」と言われていたみたいですが、私としては大きな悩みの種でもありました。

相手の思いがわかるから動いていましたが、私自身はなんだかすごく人にこき使われている感じがしていたからです。「みんなも先生から言われる前にやってくれれば、私だけがやらなくてもいいのに！」と思っていたくらいです。

そのため、当時は「みんなわかっているのに、やらないで私にばかり押しつけてくるんだ！」と思い、自分はいじめられているのだと勘違いしていました。

成長してからようやく、あの時はみんな、わからなかったから動けなかっただけなんだと気づきましたが、自分としては辛かった思い出です。

一方で私の親は「何も言わなくても、ももちゃんは何でもやってくれる」と思っていたそうです。ですから、私が日本を離れた時はものすごく大変だったと言っていました。「言わないと誰もやってくれないことに気づいた」とも言っていました。

私のように、能力をうまく使えていなかったり、使い方を間違ったりして苦しんでいらっしゃる方は多いのだと思います。

旅館の女将さんなど、ものすごく気が利く人というのは、テレパシーの能力が強いのだと思います。

そしてこれも、身体の感覚が強いということになります。心身のすべてが繊細につくられているから、ちょっとした相手の目線やしぐさなどから、「あ、こうしてほしいんだな」と感じ取り、それをさっと行動に移すことができるのです。

そうした人たちは、その繊細さがある分、自分の中にあるスピリットの感覚を感じるのも得意だと思います。

今、人間はそのような繊細な感覚を取り戻し、スピリットを感じ取れるようになっていく流れの中にいます。

これまでは、こうした感覚とは逆に、何も感じずお金や名声を得ることで内面を満たそうとする時代が続いていましたが、だんだんと変わってきています。

物質的にはとても豊かになったけれど、なぜかいつも何かが足りないような気がする。そこを埋めていけるのが、自分の中にあるスピリットの感覚です。

マインドを見つめてスピリットに戻る方法もあれば、身体の感覚を研ぎ澄ませていくことでスピリットを取り戻す方法もあります。ぜひ、ご自身に合う方法で、自分の中に眠るスピリットにアクセスしてみてください。

記憶の私から目覚める

インナーチャイルドを癒すメリット

自分自身を癒し、自分の中にあるスピリットを取り戻していくために、過去の記憶を癒していくという方法もあります。

これは、自分の記憶の中に置き去りにしてきてしまったインナーチャイルドと対面して話を聞いてあげて、その子の希望どおりにその場の景色を大人の自分が変えていってあげる手法になります。

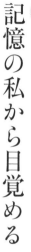

記憶の世界は、私たちが生きているこの物質世界とは異なり、四次元の世界にあるので、スピリットが持つ自然治癒力を使って記憶を変容させることができます。

インナーチャイルドを癒す場合は、専門のヒーラーやカウンセラーさんに誘導してもらうのが一番良いでしょう。慣れてくるとある程度は自分でも癒せるようにもなりますが、ここではインナーチャイルドを癒すメリットについてお話をしたいと思います。

インナーチャイルドを置き去りにしていると、大人になってからも、常に注目を欲する人になりがちです。お母さんが全然相手をしてくれず、寂しい思いをしていたという傷から、承認欲求が高い人になってしまうのです。

こういう方の場合、仕事においても、自分のスキルを高めるため、お給料に見合う仕事をするため、頼まれたことの責任を果たすため、というような理由からではなく、「自分を見てほしいからやる」ことになってしまうのです。

頼まれたこと以上に、プラスαの仕事をしてくれるのですが、その理由が「自分を褒めてもらうため」なので、仕事を頼む側からすると、エネルギー的にものすごく負担になるわけです。

この承認欲求はどこからくるかというと、インナーチャイルドからです。そのためインナーチャイルドを癒さないと、この人の承認欲求は止められません。

そうなると、仕事を頼むほうも頼みにくくなってしまいます。「よくやってくれるけれど、なんだかいつも話がややこしくなるのよね。だったら、ほかの人に頼もうかな」となってしまうことが少なくありません。

これでは本人も辛いと思うのです。そのため、「なんでこんなに頑張っているのに、認めてくれないのよ！」と仲間に対して、突然キレたりすることも、よくある話です。

逆に、人の評価を気にしていない人は、一緒にいてすごくラクですよね。

これはどういうことなのでしょうか。

そう、私たちは周りにいる人たちと、常にエネルギーでも会話しているからです。承認欲求のある人からは「私を見て」「私を褒めて」というエネルギーが飛んでくるので、それを受けるほうはものすごく疲れます。そのために、「なんとなく、あの人には頼むのは嫌なんだよね」ということで、関係が疎遠になってしまいます。

自分で自分を認められていて、自分の中ですべて自己完結できる人は、いつ見ても本当にハッピーな感じでいます。

そういう人は、誰とでも気分良くやり取りできるので、どこに行っても重宝されます。そういう人になると、仕事もいろいろと頼まれるし、それに伴って自然とお金も回るようになっていきます。

インナーチャイルドを持っていない人はいません。ただ自分のインナーチャイルドに気づいてその子を癒し、スピリチュアルな生き方に目覚めていけばいくほど、自己愛は高まり、承認欲求もなくなっていきます。インナーチャイルドに振り回される人生ではなく、スピリット本来の姿で生きられるようになることで、人間関係も仕事もお金も自然とスムーズに流れていくようになります。

トラウマがあるから光をあびることもある

ただ、トラウマやインナーチャイルドは、一概に悪いものとはいえません。宇宙の法則は面白いようにできていて、トラウマやインナーチャイルドがあるからこそ、その人が光るケースも多々あるからです。

フォーミュラ（レーシングカー）の選手がインナーチャイルドを癒したら、優勝しなくなったという有名な話があります。それまでは彼の中にあるインナーチャイルドの承認欲求が彼を走らせていたわけです。「見返してやる」「認めさせてやる」というインナーチャイルドの思いがものすごいパワーとなっていたのです。

けれど本人は、異様なプレッシャーを抱えていました。優勝できないことは死んでしまうことと同じくらいの苦しみだったからです。

インナーチャイルドとはそういうものです。欲している現実を手にしないと、生きている価値などはなく、恐怖と孤独で死んでしまいたいという思いにさせられるところが特徴です。

彼の場合は、セラピストの元を訪れ、インナーチャイルドを癒すことになりました。そして、インナーチャイルドの癒しが終わると、なぜ自分はあそこまで優勝にこだわっていたのかわからない気持ちになったと言います。まるで悪魔に取り憑かれていたかのようだったと。

その後、優勝はしなくはなりましたが、以前よりもレース自体を楽しめるようになり、毎日がとても幸せなのだとか。

芸能界を見ていると、承認欲求が人を輝かせているのだなと感じることがよくあります。

承認欲求は時に人の才能をも開花します。

それ自体はとても素晴らしいことだと思います。けれど、承認欲求によって輝いている場合、もてはやされている時はいいのですが、人気に陰りが出てきてサッと人が引いた時に襲ってくるインナーチャイルドが恐ろしいものになります。

また、輝いている間であっても、インナーチャイルドは、これがなくなってしまうと死んでしまったほうがマシだというプレッシャーを私たちに与えますから、尋常ではないストレスを抱えた毎日を過ごすことになります。

ある意味、もてはやされている時は、インナーチャイルドが満たされたと錯覚している時。ですから怖いのは、そうした時期が去った時ですね。


たとえば、第2章の恋愛の部分でお話しした、彼氏ができた時と、同じことが起こるわけです。恋愛の場合、彼氏ができたことで、インナーチャイルドが満たされたと誤解してしまいます。けれど、好きな人を通して、「私は自分の何を見ていかなければいけないのか」。ここに気づいて、宇宙からの宿題に取り組んでいかないと、その関係はいずれ終わってしまいます。

そこでインナーチャイルドが暴れ回って、ストーカーになるケースもよくあるパターンです。もしくは、相手を見返すために整形を繰り返していくパターンもありますね。
いずれにせよ、こんなふうにインナーチャイルドに振り回されている人生は、本人が一番辛いと思うのです。私もさんざんやってきたので、その辛さは痛いほどわかります。

フォーミュラの選手の場合はインナーチャイルドが満たされ、心が平和になったことで優勝はしなくなったとお伝えしました。私のクライアントさんのケースですと、インナーチャイルドの承認欲求によって異様に輝いて活躍されていた方々を癒しますと、ガツガツしたものが取れ、自然で誰にとっても心地の良い輝きを取り戻します。そうすることで、より多くの人を魅了し、ご自身も幸せでありながらも、活動範囲も広がっていくケースは多々あります。

こういうお姿を見させていただきますと、インナーチャイルドを持つこと自体も宇宙の計らいで、「すべて必要なことしか起こっていない」と実感させられます。

インナーチャイルドがなければ、才能に気づくこともなかったかもしれない、才能が開花しなければインナーチャイルドを癒すことにもならなかったかもしれない、そう考えるとスピリットは、すべてを経験したくてこの世に降り立ったのだな、と生命の美しさを感じることができます。

インナーチャイルドがあるから駄目なんだとか、そういったことでもなく、スピリットはインナーチャイルドを持った自分、それらを癒された自分、そのどちらも楽しんで経験しているように思います。

一方で、私を含め、多くのクライアントさんを見ていますと、やはりインナーチャイルドが癒された後の人生は、インナーチャイルドに振り回されることなく、誰かの愛を追い求める苦しさもなく、スピリットのままに自然に生きられるので、幸せなのだと思います。

過去と現世との繋がりについて

インナーチャイルドを癒す場合、エネルギーヒーリングより、ヒプノセラピーやEFTタッピングなどが良いと思います。ただヒプノセラピーでインナーチャイルドを癒す場合は、現世のトラウマを癒すことをおすすめします。

もちろん、過去世を見るのが無意味だというわけではありませんが、インナーチャイルドを癒す場合に限っては、現世を癒すことを目的としたヒプノセラピストさんを探すと良いでしょう。

過去世から持ち越したものは、現世にも必ず現れています。記憶も定かでない過去世より、現世のほうが自分の記憶もしっかりあるので、そちらを取り扱ったほうが変化は早いからです。

過去世の傷をいくら癒しても、その過去の記憶は現世の自分の中にはないので、夢見心地で終わってしまいます。そうなると、現世での変化はそこまで大きくは見込めません。

また、ものすごく強烈なインナーチャイルドを持っている人は、過去世に逃げがちです。現世でのインナーチャイルドを見るのが辛いので、無意識のうちに「今の私が辛いのは、過去世のせいなんだ」と思い込んでしまうのです。

たいてい「過去世で変なことが起きたんですけど」とおっしゃいますが、その先はご自身の妄想であることも可能性としてはゼロではありません。

そのため、私はクライアントさんの過去世の話は、あまり重要視していませんし、そこに重点を置いて話を聞くこともありません。

セッション中、インナーチャイルドを癒そうとしても、過去世に飛んでしまう方は、「ああ、現世のインナーチャイルドを見るのが辛くて逃げたな」と思って見ています。

インナーチャイルドを見ることができなくて、過去世に飛ぶパターンはよくあることなのですが、それと同じように、高次の存在に飛んでしまうこともあります。

「私には高次元の○○がついたので、今こうしているんですが」などと言う方の場合、ほとんどが今の自分を見るのが辛すぎて、つくられた妄想の高次元の存在にすがりついているわけです。

ヒーラーやセラピストを見極める目も必要

私は、自分の心が病んだ時、またそうでなくとも自分のインナーチャイルドを感じた時には、プロのセラピストやヒーラーに手伝ってもらって癒すということはとても良いことだと思っています。同化してしまった自分を自分で癒すのはなかなか難しいし限界がありますから。

そのうえで、スピリチュアル業界で活躍している人の中にも、自分を高次の存在と思い込んでご自身の心の問題とコンタクトを取って、それをクライアントさんに高次元からのメッセージとして届けている方もいるので、こういったことには気をつけなくてはいけませんが。

前著『イギリス発「本当のスピリチュアル」への階段』にも書きましたが、ヒーラーやセラピスト自身がしっかりと自分自身を癒していないと、何が真実で、何がまやかしかを選別できる感覚を得ることができません。

癒しを仕事にしている者にとって、自分自身をどこまで深く癒したかがとても大事なことになります。自分のエゴや癒されていない自分をクライアントに投影するようなことがあってはならないからです。ヒーラーやセラピスト自身が、自分を深く癒していればいるほど、クライアントにも深い癒しを提供することができるものです。

自分の中にあるスピリットの感覚を頼りに、セッションやセラピーを提供していると、クライアントの癒しに必要なことを絶対に外すことがありません。

けれど、ヒーラーやセラピストが自分自身を癒しておらず、承認欲求などがあったとしたら、マインドが働いてしまい、「このクライアントにはこう言ったほうが、私のことを認めてもらえる」ところからのセッションとなってしまいます。

そうなると、クライアントが必要としている癒しからは、どんどん外れていってしまうのです。

スピリチュアル業界の仕事は、目に見えない分、こうしたところにものすごく気をつけていかなければなりません。

どんな職業でも必ず、トレーニングや資格を得るために何かを学ぶことを要します。カフェでアルバイトとして働く場合でも、美味しいコーヒーが作れるように練習を重ねますよね。にもかかわらず、スピリチュアルな職業だけが、生まれつきの能力があるので、明日から看板をあげられるというのは少し違っている気がします。

スピリチュアルな職業に必要なトレーニングや修行があるとすれば、どこまでも自分をニュートラルに保つ訓練だと思います。

私がイギリスのカウンセラーになるための大学に通っていた時は、カウンセリングのスキルを身に着けるためのトレーニングが1年間ありました。トレーニングの内容は、カウンセリング中の姿勢の保ち方、笑顔を作りすぎない、足を組まない、意味深な動きをしすぎて、クライアントを不安にさせないなど。

また、クライアントの話す内容についてどのように相槌を打てば良いかなど、事細かく指導されました。これらはサイキック能力やヒーリング能力とはまったく関係なく、お金をいただいて人の悩みを聞く基本姿勢として必要なスキルですし、ある程度はセンスでなんとかなりますが、ほとんどはトレーニングしないと身に着かないものです。

自分のマインドと癒されていない自分を深く認識し、それをできる限り癒すということは、イギリスのカウンセラーの場合は6年間やる必要があり、このプログラムは素晴らしいと思います。サイキック能力やヒーリング能力があることと、自分のマインドや癒されていない心の傷を、クライアントに投影しないようにすることは、まったく別のスキルなんです。

だから、どんなに能力がある方でも、クライアントさんに投影しない訓練は必ず受けたほうが良いのですが、こういったこともプロ意識の一つとして、今後もプロである私たちの課題として重く捉えていく必要があると思っています。

それと同時に、これからの時代はクライアント側も、「このヒーラーやセラピストは、どれだけ自分自身を癒してきているのか」「今でも自己研鑽を続けているのか」「依存させようとしていないか」など、冷静に見極めていく必要があります。

自分が聞きたいことを言ってくれるヒーラーやセラピストが良いとは限らないものです。ご自身のマインドに真に向き合ってくれるヒーラーやセラピストは時に皆さんにとって耳が痛いことを言ってくれるものです。

その人たちが言う言葉だけに頼らず、そこに愛があるかという感覚も大切にしてみてください。有名だから、人気がある人だから、ということにも惑わされないように気をつけましょう。

嫌な出来事への自分の反応が解決への第一歩

その時、誰に何を言われている気がするか

自分にとって、嫌な出来事があると、多くの人が「どうやってそれを改善しようか」「どうやって思い通りの人生にしようか」というところに力を注ぎがちです。

たとえば、自分が経営している会社が倒産したとしましょう。「MOMOYOさん、スピリットに目覚めれば、会社はうまくいくんですよね」と言われたりすることもあります。気持ちはとてもよくわかります。

でも、その人が本当にやるべきことは、会社が倒産したことで、自分の中で何が引っかかっているかを見ていくことです。

倒産したのはただの事実です。けれど、人によっては「自分が会社を倒産させてしまったことが恥ずかしい」と思うかもしれません。

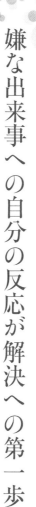

では誰に恥ずかしいと言われていると思うのかなど、どんどん内側に答えを求めていくと、そもそも会社を興したのは、「自分をバカにした友達を見返すためだった」など、いろいろなことが出てくるはずです。

そこでまた、「ああ、小さい頃にいじめられたからか」などと思い出していきます。こうして思い出していく感覚がインナーチャイルドであり、マインドでもあるのです。これを続けていくと、最終的には「私はいつも人からバカにされる存在だ」などの思い込みが出てくるはずです。

マインドは、これらが現実に起きていることだと私たちに思い込ませます。ですから、頑張って会社を作り成功する現実を生み出すわけですが、私たちがマインドに踊らされていると気づくために、宇宙は会社が倒産するという現実を見せてくれるわけです。

一方、倒産という現実を目の前にして、人によってはお金に対する不安が出てくるかもしれません。お金がなくなってバカにされる、お金がなくなって路頭に迷う、ホームレスになったらどうしようなどといった恐れが出てくるかもしれません。

いずれにせよ、ここでやらなければいけないのは、会社を立て直したり、新しく会社をつくったりすることではありません。物事がうまくいかなくなったり、目の前に不幸が起きた時は、目覚めのチャンスだと思ってください。

倒産という事実を目の前にして、自分は誰になんて言われていると感じるか。それを見ていくことが必要になります。

そこでヒントになるのが、「誰になんと言われている気がするか」です。

そこには必ず登場人物がいます。

セッションなどでも、クライアントさんに「誰に何を言われている気がしますか？」と聞くと、だんだんと皆さん、インナーチャイルドに戻っていきます。

なぜなら、今目の前にある現実と同じようなことを、小さな頃に経験しているはずだからです。


自分の中の思いが見えてきたら、ただただ「そういうふうに思っていたんだ」と知ってあげることが大事です。

それを専用のノートに書いてもいいですし、私の場合は、そんなふうに思っていた自分をマジックペンで紙に書き出して、部屋のいたるところに貼り付けていました。

そして、それを見ることで「これは私ではない」「これは私のマインドなんだ」と言い聞かせ、自分とそのマインドの間に、距離をつくるようにしていました。

マインドで思い込んでいる自分と、スピリットである本当の自分との間に、このようにして距離をつくることはとても大事になります。

距離がないのは、そういう自分が本当の自分なのだと思い込み、マインドと同化してしまっている状態だからです。

インナーチャイルドと対話していく中で、内側から上がってきたマインドがわかったら、そのレッテルから解放されるため、距離を取っていきましょう。


私がコースで紹介しているおすすめの方法は、そこで見えたマインドの思い込みをそのまま実際に表現していただく方法です。

たとえば、会社の倒産という出来事によって、「私は何の役にも立たない人間だ」といった思い込みが出てきたとします。

だとしたら、何の役にも立たない人間を、そのままやってみるといいです。

思い込んでしまったネガティブな自分を感じたくないために、会社の社長になる、ビジネスを成功させる、お金を儲ける、人の上に立つなど、私たちは真逆のことをしてきています。

けれど、蓋を開けてみたら、「自分は役に立たない人間なんだ」という自己イメージが出てきた。これを本当にやってみることによって、自己イメージはあなたをコントロールしなくなり、逆にこの自己イメージから解放され自己愛が戻ってきます。

この心の仕組みは実際体験するとよくわかるとも言えます。一番なりたくない自分、そうならないように頑張ってきた自分をわざとやるなんて、今よりさらにダメな人間になるんじゃないかと不安になる方がほとんどです。

けれどこの不安さえもマインドがあなたに与える架空のものであり、現実ではないのです。実際にこれをやろうとした時には、ものすごい恐怖がこみ上げます。

たとえば、「私はものすごく性格が悪い」という思い込みがあったとしたら、普段はかなり良い人を演じているはず。そして、時々良い人をやることに限界がきて、めちゃくちゃ嫌な人をやってしまう。この2つの自分を繰り返しているはずです。

この時点で2パターンの自分に振り回されてかなりストレスを感じていると思いますが、こういった思い込みがある場合、突然人間関係がうまくいかなくなったりするわけです。

その時、その出来事を思い返してみて、自分の行動や言動は「誰になんて言われた気がした？」と問いかけていくと、「とても性格が悪い、根性が悪い私」というメッセージがあらわれてきます。そんな時は根性が悪い私としてのふるまいを片っ端からやっていけばいいということです。

面白いことに、「根性が悪い私」とはそもそもどういう私なのかを思うままに書き出してみると、たいしたことのないものが出てくることがほとんどです。

ただ、これを実際に文字に書き起こしてしっかりと向き合ってみるまでは、すごく恐ろしい自分がいるような気にさせられてしまいます。ですから、その自分が出てこないように良い人を頑張って演じてしまうわけです。

そこで、私は「いいですよ。それをそのままやってみて！」と伝えます。その前に、根性が悪い私とはどんな私なのか、箇条書きにしてもらいます。

すると「はっきり人に意見を言う」「嫌だと思った時には断る」「自分のペースで行動する」など、ご本人も笑ってしまわれるような、本当にたいしたこともないことが多いのです。

自分の思い込みに気づかないふりをしていると、余計に自己否定する自分が内側で膨張してしまいます。

ですからそんなダメな人間が出てこないようにと、必死にその自分を抑圧する大変さが生まれます。

やがて抑圧することに全エネルギーを注ぐようになり、本当の自分がわからないとなってしまうわけです。その場合、内側から出てきたものを全部やってもらいます。何十年も、その思い込んできた悪いイメージの自分が出てこないように頑張ってきたわけですが、それを2、3週間現実でやってみたら、もうどうでもよくなっているはずです。

自己否定する自分、セルフイメージ、というのはすべてマインドです。やらないように頑張るより、あえてマインドの自分をやり切ってみると、マインドからのコントロールから自由になり、自己否定する自分もいなくなります。

やるべきことは〝悪い名札〟から解放されること

そもそも〝自己否定している自分〟とは、皆さんの本来の姿であるスピリットの行動パターンの一部を、マインドが切り取って名札をつけたものです。

ですからスピリットに戻るためには、スピリットの行動パターンについてしまった〝悪い名札〟から解放されればいいだけ。名札さえなくなれば、私たちは自分自身のどんな部分も自己否定することもありません。

新しい自分になる必要も、変わる必要も、そもそもない。私たちがやることは、マインドがつけた〝悪い名札〟から解放される、ただそれだけです。

なかなか悪いイメージがついてしまっている自分を、そのまま表現するのは怖いかもしれませんが、実際に行動してみると、マインドがスピリットに統合していくのがわかると思います。

マインドとスピリットの分離がまた一つ統合されますので、今よりも確実に生きるのはラクになります。私たちの内側には、何通りもの分離したマインドが存在し、そのマインドがそれぞれ人格を持ちあなたをコントロールしていると思ってください。

確かに疲れるし、「本当の私って何？」と疑問が生まれたり、自分を見失ってしまうのも不思議ではありませんよね。

ただ、なかなか皆さん、悪いイメージの自分をそのまま表現することに勇気を持って踏み込めないようで、マインドを見つめるところまではできても、見えたものをそのままにしておいて元さやに戻ってしまうことがあるのも事実。

もうこれは、やったもの勝ちともいえますが、それができた人はものすごい勢いで変わっていきます。

変わった人たちは声を揃えて、「すごく怖かったけど、やってみました！　そうしたら、みんなに喜ばれました！」と言います。

結局、ありのままの姿は人に喜ばれる。それで嫌がられた人は一人もいないのです。


実際にこの体験をしたクライアントさん、ここでは仮にNさんとしましょう。Nさんの中には、「私はドケチだ」という思いがありましたが、彼女はやたらに人におごったり、常に大盤振る舞いしたりしていました。

けれど、いつも「なんで自分だけこんなに払わなければいけないんだろう」と、モヤモヤしていたそうです。そこで、「誰になんて言われている気がする？」と聞いていくと、「私は超ドケチで、誰にも何も渡したくない」というメッセージがあらわれてきたので、それをそのままやってもらいました。

どこに行っても誰にもおごらないし、きっちり割り勘にする。これはNさんにとって、ものすごいチャレンジでした。

「ドケチと思われるから、とてもじゃないけどできない」と思いそれまで行わなかった、「人におごらない」「割り勘にすると」ことはほかの人にとっては普通のこと。今までのNさんのやり方のほうが、逆におかしかったわけですね。

さて、Nさんが自分の思うようにやった結果は、どうなったと思いますか？

周りの人たちの印象は、「前のようにイライラされたりするより、すごくラク」というものに変わりました。

それまでは、おごられていても、Nさんの機嫌が悪くなったりするものだから、周りの人たちもどう接したらいいかわからなかったと言います。

これを2、3週間続けた結果、Nさんは「人におごるとか、おごらないとか、そういうことが本当にどうでもいいと思えるようになった」と言っていました。

お金に関して堅実なNさんのスピリットに「私はドケチ」という悪い名札がついて

しまっていただけだったんですね。

これはNさんの中からマインドがまた一つスピリットに統合した証拠とも言えます。


こうした部分を見ていかない限り、「早くこの宿題をやりなさいよ」と、人生の中でうまくいかない現実がつきまとってきます。この宿題をクリアにしないと、ずっと同じループをグルグル回っている感じにもなってしまいます。

そうだとしたら、人生におけるさまざまな現実は、宇宙がくれているものだと早く気づいたほうがいい。分離したマインドがスピリットと統合するためだけに人生はあなたに送られています。

そうして宿題に取り組み始めると、人生というのは驚くほど優雅に、美しく楽しく動き始めます。

宇宙からの宿題に取り組み続けていると、「なんだか私ってとても素敵!」という感覚になっていき、周囲から見ても本当に素敵な人になっていくのです。

分離したマインドとスピリットの統合

優しいことだと勘違いしてはいけない

分離させてしまったマインドとスピリットを統合させることは、生きる目的そのものと言えます。

私の仕事は、皆さんのマインドとスピリットの統合のお手伝いです。

けれど皆さん自身がこのことを受け入れ、そして自分のマインドと向き合っていかない限りは、私がホワイトマジックを伝授しても、インナーチャイルドを癒そうとしても、何も変わりません。私は皆さんにマインドが何であるかを知らせ、スピリットに目覚めていただくためのアイテムを持っていますが、結局効果を成すか否かは皆さん次第ということになります。

多くの方々は「ホワイトマジック、やってほしい！　やってほしい！」という感じになってしまいます。これさえ受ければ、もう自分は大丈夫というような感覚になられてしまうのが、一番懸念しているところでもあります。

最近はYouTubeなどでも言うようになったので、そういった方々も少なくはなりましたが、私のセミナーやクラスを受けることを、ディズニーランドに行く前のような喜び方で表現される方もいます。

「わーい！　MOMOYOさんのセミナーがもうすぐ！　あと〇日！」というようにFacebookでカウントされているのを目にしたりすると、楽しみにしてくださるのは嬉しいのですが、心配にもなります。

スピリチュアルな生き方をするということは、自分自身と向き合い続けるということで、当然自分の心の傷を癒すことも必要になってきます。思い出したくない嫌な記憶とも向き合うことにもなります。自分を否定しているマインドとも向き合います。

ですから、私としてはスポーツジムのトレーニングコースに参加するくらいの気持ちで来てほしいなと思っているわけです。スーッと綺麗な筋肉の締まったモデルさんや女優さんの身体は、努力と共に作り上げられているから美しいわけです。簡単なプログラムではないと思います。

しかし、私のセミナーやコースを受けることで、楽しい体験ができる、素晴らしい夢を見られる、と思うのかもしれません。

スピリチュアルはそういうものだと伝えるスピリチュアルマスターもたくさんいますし、私もそうだと言ったほうがお仕事は簡単です。

皆さんがインナーチャイルドを癒す途中の悲しい顔や辛そうな顔を見なくてすみますし、マインドを見ることに抵抗し、苦しんでいる姿を見なくてすみます。

けれど、私が体験したスピリチュアルは人生をかけてスピリットに戻っていくというものでした。

もし、スピリチュアルな世界で生きることを、怒りや妬みや悲しみなどのネガティブな感情も、お金がない自分も、パートナーとうまくいかない自分も、「スピリットに目覚めさえすれば、ぜーんぶなくなって、ハッピーなことしか起こらなくなる」と思っているとしたら、あなたはスピリチュアルを誤解しています。

“宿題”に取り組んでいくことで確実に成果はあらわれる

本当にスピリチュアルな人生を送り始めると、たしかに心はラクになっていきます。自分のマインドをしっかりと見つめ、インナーチャイルドを癒すことで、過去の記憶に振り回されなくなり、マインドにも人生を振り回されなくなるからです。

宇宙からの宿題をやればやるほど、内なる自分に寄り添うことができ、過去や未来に意識が飛ばされず、ただ、今この瞬間に存在できる時間が必要になってきます。

けれど、「自分では何もしていないけれど、目覚めさえすれば、すべてがハッピーで喜び一色の毎日です！」ということはありえないですから、そう信じている場合はまずそういった夢から覚めることが大切です。

逆にそうしたスピリチュアル幻想をあきらめたほうが、ラクになれるのではないかと思います。スピリットに生きるということは、これまで後回しにしてきた宿題に取りかかるということですから、結構忙しいものです。

また、自身のご先祖がやり残した宿題もやらなければなりませんから、人によって宿題の多さは違います。

私自身、実際にスピリチュアルに生きることを実践し、その宿題の多さにびっくりしました。

癒されていない自分やマインドに振り回されている自分とは、また違った大変さが待っている感じですね。

大変ですが、前のような大変さではなく、自分のスピリットが、「この人生でやる！」と決めてきたこと。やはりそれをやっている幸せを感じます。

宿題を一つクリアにした達成感も感じますし、宿題は終わらせるとその瞬間から起こる現実や引き寄せる現実が変わるので、やり甲斐しかありません。

一方、多くの人が考える幸せは、なんでも揃って、なんでも思い通りにいくということ。

自分の思い通りに人生がうまくいくのが幸せだ、と勘違いしている人が多いのですが、そういう法則自体が宇宙には存在しません。

まずはそこに気づいたほうが、幸せ幻想にも振り回されないので、ラクになれると思います。

何度もお伝えしているように、宇宙からの宿題をちゃんとこなしていくと、だんだんと思い通りの人生を欲しなくなっていきます。

そんなことは全然大事ではなくなるのです。

自らの意思で宇宙からの宿題に取り組み、本当に自分を癒し始め、自分自身にフォーカスし始めると、元々夢見ていた理想の人生などが、まったく意味のない架空のものだったことに必ず気づきます。

スピリットに戻っていくにつれて、思い描いていた理想ではなく、目の前にあることこそ「ああ、やるべきことはここにあったんだ」という感じになっていきます。

けれど外側の幸せを追わなくなり、宿題に取り組んでいると、必要なことは目の前に用意されるようになりますから、この世が面白くなってきます。

第 4 章

「本当の人生」への道④

〝宇宙の波〟に乗る「高次の生き方」に挑む

エゴこそが素晴らしいものだった⁉

神様なんてならなくていい

ここまでを通して、「本当の人生」、「本当の生き方」についてだいぶおわかりいただけたことと思います。

そこで最終章では、〝宇宙の波〟に乗る高次の生き方についてお話をしたいと思います。

先ほど、スピリチュアルに生きることについてお話をいたしましたね。

それは、不安などまったく湧いてこなくなり、毎日がワクワクで楽しく、なんの問題にも直面しなくなるような人生を、手に入れることではないというお話でしたね。

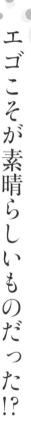

ご自身に関しても、スピリットに目覚めていくと神様やマリア様のように優しくなっていくのだと誤解されている方も少なくはありません。

怒ったり、妬んだり、悲しんだり、というようなネガティブな感情が自分の中からすべて消えることが、スピリットに目覚めるということではないので安心してください。

私たちがこの肉体を脱ぎ去って、宇宙の大元に還れば、自動的にそうなります。だからこそ、この肉体がある間は、自分の〝ありのまま〟の姿形や感情や感覚で物事を感じ取り、その中から本来の自分を見つけて、そこに戻っていくこと。

これこそが、真実のスピリチュアルです。

神様のような状態なんて、目指さなくていい。ここを誤解してしまい、スピリチュアルの世界で迷子になってしまった方々が非常に多くいらっしゃいます。

以前、YouTubeで写真撮影の話をしたことがありました。

その中で、「あまりきれいに撮られすぎると、実際にお会いした時に〝あれ？〟と幻滅されそうで、嫌なんですよね」と冗談を交えたコメントをした時の話なのですが、

「スピリチュアルマスターなのに、まだきれいに見られたいとかあるんですか？　人間みたいなこと言うんですね！　ちょっとがっかりしました」というコメントが入りました。

また、私はセミナーでも好きなドレスや靴を履いて登場するのが好きですが、そういう姿を見た方の中には、「ＭＯＭＯＹＯさんにも欲がある感じがして残念です」と言われたこともあります。

これはとても興味深い現象だなと思ってみています。

こういう方々は、スピリチュアルな人生になればなるほど、なんの欲も、こだわりも、それからネガティブな感情さえもなくなると、思っていらっしゃることでしょう。

まさに、神様になろうとしているのですね。

けれど私は、本当の自分であるスピリットに気づいた時、同時に「エゴこそが素晴らしい」ことにも気づきました。そういう意味では、目覚める前のほうが、私は逆に人間っぽくなかったのではないかと思っているくらいです。

私が一番お伝えしたいことは、「スピリチュアルというのは、本来の姿に戻るということで、つまりはとても人間っぽくなること」なんです。もっと言えば、「一番自分の人間らしい部分を、そのまま愛せるようになる」ことなのです。

私たちは、人間である時のみ喜怒哀楽を感じることができます。

私はこれまでにも、スピリチュアルに目覚めると、この喜怒哀楽の喜と楽だけが残り、怒と哀がなくなると勘違いされて、ご自身の怒と哀の感情を抑圧し、良い人を今まで以上に目指し、スピリチュアルを学んだことで余計に苦しくなっている方々をたくさん見てきました。

スピリチュアルに生きることとは、たとえば内側から怒りの感情が湧いてきた時に、その感情に自分自身でジャッジをしなくなるということ。

「人に嫌なことをされて怒りの感情が湧くのはむしろ健康的！」と自分の感情に対して自信が持てるようになることです。

私はこのメッセージを皆さんに伝えたいため、より人間っぽい一面を見せるようにしています。

けれど、スピリチュアルを誤解している方々からは、「幻滅しました」「ＭＯＭＯＹ

Oさんも人間なんですね。がっかりです」などと言われてしまうのだとも思っています。

スピリチュアルに目覚めるのは、本当の人間になるということ。神様には、あちらの世界に帰ればいつでもなれますが、今は、せっかくこの肉体を持って地球にいるわけですから、この環境を人間らしく楽しむためにあるのだと思うのです。

皆さんがスピリチュアルに生きられているかそうでないかを見極めるポイントは、そんな人間らしい感情や考えに対して罪悪感がつきまとうかそうでないかだと思います。

スピリットに目覚めるということは、人間らしいどんな自分をも否定しなくなるということ。人間離れしていくことが、スピリットに目覚めていくということとはだいぶ意味が違っています。

つまり、喜怒哀楽を持った自分を、ありのままに受け入れられるかどうか、人に対して妬みや憎しみを持つ自分を、そのままそれでいいと言えるかどうかです。

罪悪感が付きまとうのであれば、遠い昔にそんな自分を自分以外の誰かに否定された記憶があるはずです。

そんなことを思い出しながら、もう否定しなくていいよと自分に言ってあげると良いのです。

今後も否定し続けながら、良い人を演じ続けて生きる必要はありません。

ただ、こう話すと、「じゃあ悪い人になっていいんですね！」と言って突然とてもわがままになったり、人に暴言を吐く、という人が出てくるのですが、そうすることが本当に自分がやりたいことなのか今一度自分に聞いてみてください。スピリチュアルに生きるとは、本来の自分をすべて受け入れることです。

また、人を傷つける行為は自分に対する罪悪感の裏返しですから、そういうことをしたいと感じる場合は、ご自身の罪悪感がまだ内側にあることを理解してください。

罪悪感がまだあるまま、抑圧から解放されたくてただがむしゃらに行動することは、スピリチュアルに生きるということではありません。

本当の意味でありのままの自分に戻っていった人で、おかしなふうに変わってしまった人は誰もいません。逆に皆さん、「はっきり意見を言ってくれるようになって前より親しみが出た」「前みたいにいつもニコニコしていなくて感情がはっきりしていて付き合いやすくなった」と周りから褒められるようになっていきます。

神様になるのではなく、自分はこういう人間なんだということに目覚めたほうが早く幸せになれます。

真逆の自分こそ本当の自分

あるクライアントさんで、髪を刈り上げてショートにしている女性がいました。もともとお顔立ちがきれいな方だったのですが、小さな頃に可愛いからということで、周りの女子からいじめられた経験があったというのです。

そのことから、自分は女性らしい感じを出してはいけないと、可愛らしさや女性らしい美しさを無意識のうちに抑圧してきていました。記憶にある自分はいつもズボンを履いていて、メイク道具さえ買ったことがなかったそうです。

その人を初めて見た時は男の子かと思うくらいでした。最初は、そういう性的指向の方なのかと思っていたのですが、いろいろお話を聞いていくうちに、ものすごく女性らしい方だということがわかってきました。

ただ、この方は最初、私に対してものすごい怒りを覚えていました。私のセッションを受けるとご自身で決めていらしたのに、ものすごく噛みついてきたのです。コースを受けた最後の感想に「MOMOYOさんはミニスカートを着てピンヒールを履いて、化粧は濃くて、そればかりが気になってコースの邪魔になりました」というレビューがあり、これはいいなと思いました。

怒りが出ているのは、その方の本質に入っていく入口に来ているということだからです。

案の定、否定的なご感想だったにもかかわらず、その方からその後のセッションにお申し込みがありました。そこを深掘りしてうかがったところ、「本当は私も、あなたのようにしてみたい」と言われました。

「では、それを全部やってみましょう」と伝え、「エゴだろうが何だろうが、あなたの本心ですよね。そうでなければ、私に怒りは覚えないでしょうし、私のところにセッションを受けに来たりもしないはずです。心の奥底で、私のようになりたいと思ったからいらっしゃったのでしょう?」と尋ねたところ、彼女はようやくそれを認めました。そこで、「それなら、隙間なく全部やりなさい。1ミリの狂いもなく、自分がやりたいように」とご提案しました。

すると、最初はワーッと混乱されて、「そんなことしたらまたいじめられるし、職場だってそんなの許していないし、MOMOYOさんみたいに自営業じゃないし」と震えながら、「自分には絶対にできない!」と抵抗します。

ここが正念場だと思い、「でも、それがあなたのマインドですよ。それに気づきたくて、ここに来たのでしょう。だから教えてあげます。これがマインドなのです」と伝えました。

さらに「そのマインドの奴隷のまま生きるか、マインドに打ち勝って本当の自分で生きるか。ここでそれを決めなさい」とすごく厳しい宿題を出しました。

するとそうすることを受け入れ、ご自分がやってみたいように、服装もメイクも変えていきました。

最初は本当に恐ろしかったと思いますが、そこを乗り越えていけたことで、その方はものすごく可愛く美しくなられました。そして今では、女性らしい自分を全開にして受け入れながら、幸せに過ごされています。

こういう変化を遂げた方は、ほかにも何人もいらっしゃいます。

私のところを訪ねてくる方は、見た目と内面が真逆の方が多く、そのギャップに苦しんでこられて、ようやくここで覚悟を決めてマインドに打ち勝ち、その内面が出てくることによって、本来のその人らしい輝きを取り戻していきます。

そういう方々は、見た目はボーイッシュなのに、家にはフリフリのレースをつけたくまちゃんのぬいぐるみが置いてあったり、家の中はものすごく可愛らしいインテリアだったりするわけです。

もしくは、すごく地味で、シンプルな装いだけれど、キーホルダーだけはものすごくキラキラしているなど、抑圧していてもその人の本質は、どうしても漏れ出してきてしまいます。

自分で自分を抑圧している部分は、なかなか自分自身で気づくことができません。だからこそ、他者からのサポートが必要になるのです。

ここで気をつけていただきたいポイントは、抑圧している自分が出てきた時に怖がらないこと。抑圧していた自分を、まずやってみることがものすごく大切になります。恐怖から気持ちがくじけてしまい、抑圧していたことをできなかった方々もたくさんいらっしゃいます。

頭ではわかっているけれど、「そんなことしたらまた嫌われるよ」「そんなあなたは気持ち悪いよ」「みんなにどんな目で見られるかわからないよ」などの自己否定のマインドに負けてしまい、そこで立ち止まってしまうのです。

残念ながらそういう方々は、いくら私のコースに参加してくださっても、ホワイトマジックを伝授されても、何も変わりません。今までのやり方を自分で変えていかなければ、変わらないのです。

実際にやってみて、そこで間違ってもいい。そうやって遊んでいるのが人生なのですから。そのくらいの軽い気持ちで、楽しんでほしいと思っています。

多くの人が、何かをやろうとする時、強迫観念的に「間違えてはいけない！」と思っていますが、これもマインドの仕業です。そのくらい、マインドの力は強いのです。

「そんなことをやってはいけない」「そんなことやると目をつけられるよ」「どうせできないからそのままでいなさい」など、これまでの枠からはみ出さないように、本当に上手に暗示をかけてきます。

この暗示をいかに自分で解いていくか。

スピリチュアルに生きるということは、本当の自分になるという認識が必要です。スピリチュアルな生き方＝神様みたいになるという考えは一度脇に置くことで、本当の自分に近づいていけるようになってきます。

封印が解けることで新たな展開が！

私の場合はこのクライアントさんとは逆で、自分の中の男性的な部分をものすごく抑圧して生きていました。今、皆さんが目にしている女性らしい私とは違い、小さな頃は本当に男の子みたいでした。

運動神経が良く、男の子の友達のほうが多く、けっこう男の子と張り合ってきた感じでもあったのです。

ところがある日、学校の先生からうちの母親に「ももちゃんは男の子としか遊んでいないのですが……」という連絡が入りました。

その言葉に母親は何か引っかかるものがあったのでしょう。「女の子と遊びなさい」とピシッと言われてしまい、そこから私は「男の子っぽい私はダメなんだ」と思い込み、そういう自分を封印してしまいました。

もともと実家は男尊女卑的な風習が根強い家だったので、「女性は引き下がっていなさい」という感じでした。そのかわりに料理の勉強をして、家事はなんでもできるように育てられて、実際に結婚して専業主婦になりました。

けれど、これはまったく〝らしく〟なかったのです。家に入って子育てして、家事をして、ひたすら旦那さんの帰りを待っているというのが、苦痛以外の何物でもありませんでした。

ところが、だんだんとスピリットが開いてきて、自分のエゴを認め出した時、小さな頃の記憶がよみがえってきて、「そういえば私、自分の中の男性性を封印したんだ」

と気づきました。

そして、「これからは、すごく男の子らしく生きてみよう。できるところまでやってみよう」と思ったのです。その結果、我が家では今、役割が逆転しています。パートナーが主夫で、私が完全に稼ぎ頭となって家を回しています。

最近知ったのですが、私のパートナーは私とは真逆なことを抑圧していたのだとか。「男は外でバリバリ仕事をして家族を100パーセント養うべき！」というマインドがあったらしいのですが、私のパートナーは家事がとっても好きで、一日中でも掃除や洗濯、お料理に明け暮れていたいのだとか。私たちが思い切ってスピリットの感覚に従って行動したことで、互いに本来の自分に戻ることができたわけです。

自分の封印が解けると、また違った人生が回り出します。そして、自分の身近な人をスピリットに目覚めさせるきっかけを与えることにもなります。

それも知らないうちに、自分以外の周りの人にも大きな影響を与え、目覚めのきっかけを与えることになるのです。

ご自身の〝らしい〟を知り、それを忠実にやれば自然と本来の自分に戻ります。けれど本来の自分というのは、例外なくすべての人が、とてもパワフルな存在です。

だから、ありのままの自分になるというのは、皆さんの想像の中にある神様になるということではなく、一人ひとりの個性が開花するということ。

この個性が世界上でバランスを取り、一つの世界を産み出しています。目覚めたら皆が同じでは、世界は成り立ちませんよね。

本当の自分とは、抑圧した大嫌いな自分かもしれません。

でも大嫌いと言っているのは〝マインド〟ですから、そのマインドとよく話し合って、抑圧から本当の自分を解放してあげましょう。

悩みの先にはこんな自分が隠れている

恐れなければ案外スムーズにいってしまう

悩みとは、「腰が痛い」といった身体のことから、「パートナーとうまくいかない」「仕事が苦痛」「お金がない」など、人間関係、仕事、お金に絡むことなど、本当にいろいろとあると思います。

そうした悩みが起こる原因が必ずあり、さらに、その悩みを持つことで得られるメリットも必ずあります。

その悩みを持つことで、何かをやらずにすんでいるはずだからです。

たとえば、体が弱く病気がちでなかなか実家から出て一人で暮らせない場合ですと、身体が弱く病気を繰り返すメリットは自立しなくてすむことがあるかもしれません。

また、お金がないのが悩みの場合も、その状況があることで周りの人が哀れんで助けてくれたり、かまってくれるといったメリットが考えられます。

経済的に豊かになりたいと表面的に思っていても、そうなることで、これまで得られていた注目が得られなくなるのではないかという恐れに繋がり、お金がないという現実を手放すことができなくなってしまっている可能性もあります。

彼らは何かをやらなくてすむ。もしくは、本当の自分を見なくてすんでいます。そこを怖がらずに見てあげることによって、まだ気づいていなかった自分自身を知り、過去に置き去りにしたままの傷を癒すことができます。

たとえば、なんでも完璧にできてしまう人がいたとしましょう。

小さな頃から成績が良く、優等生としてずっと育ってきたけれど、社会人になって会社に入ってから、謎の身体の痛みに苦しめられ、病院に行っても原因がまったくわからないなどの大病を患うことがあります。

こういう場合、本当のその人は、優等生になる能力は持ちつつも、本来の姿は、だらだらのんびりとすることが好きな人かもしれません。

その部分で長年自分に嘘をついてきたことで、大病という現実をつくり出してしまったわけです。

優等生にとって、だらだらするのは、あってはならないこと。常にきちんとちゃんとしていなくてはいけない。

そうやって本当の自分を見ることなく自分に嘘をつき続けてきた結果、優等生な自分をやめて、だらだらさせてあげるためには、もう病気をつくるしかなかったのです。

広告代理店に勤める私の友人Yさんの場合、「広告の制作現場はすごく楽しいけれど、中堅に差し掛かってきたこともあり、部下のマネージメントもしなくてはいけない。それはわかるのだけれど、部下の面倒を見るのは本当に自分には合っていないこと。できればやりたくない」という悩みを持っていました。

彼女の話を聞いて感じたのは、Yさんは部下を育てるのが合っていないというよりも、人を育てるために、自分は何かやらなくてはいけない、もしくはやってはいけないと思っているのではないかということでした。

それを伝えたところ、「人を管理してはいけない。コントロールしてはいけない。思い通りに人を動かしてはいけない」という思いがあるようでした。ボスになってはいけない。つまり、偉そうな人になってはいけないと、無意識のうちに思っているようでした。

けれど、部下を育てようとすると、そういう自分が出てきそうになるので、「こういうことは、私に向いていないんです」と悩んでいたのです。そうすれば、偉そうな自分が出てくるような状況にならずにすむからです。

Yさんがそのように思ってしまった理由として、必ず子どもの頃、どこかで誰かに「そんな偉そうにしてはいけない」「何様のつもりなんだ」「まったくあの子は生意気な」などと言われているはずなのです。

また、「小学校で級長とかやっている子を見ると、偉そうでかっこ悪いと思っていた。あんなふうにはなりたくないと思った」とも言っていたのですが、これはその級長にYさん自身を投影して見ていたわけです。

自分がそんなふうになるのは絶対に嫌なので、それを誰かに映し出してみてしまっていたのですね。けれど、実はそれが本当の自分なのです。

つまり、Yさんの場合、偉そうにガンガン指導したほうがいいということ。これがYさんの〝らしさ〟なのですが、面白いことに、そう伝えたら「でも、今の若い子たちはガンガンやると後が面倒くさいから」と言うのです。まさにこれがマインドです。

本当の自分を表そうとすると、こうやって制限をかけてきます。この制限にとらわれてしまい、多くの方々が「やっぱり私、そんなことできない！」と逃げ出してしまうのですが、そこを持ちこたえた人だけが、真実のスピリチュアルを開いていけるのです。

ただそこで、「そうなんですね。そう思うなら、人を育てるのは向いていないのでしょう。やらなくていいですよ。それよりも、もっとワクワクする方に目を向けましょう」と言ってしまうヒーラーやセラピストも多いわけです。

そして、その通りにしてしまうとスピリットである自分に気づけず、「部下を育てたくないのに、やらなければいけない」に似たような現実に、ずっと悩まされ続ける人生になってしまいます。

私の場合はその問題の根っこを癒して、そうした現実がもう起こらなくなるところを目指しているので、Yさんには「ビシバシ指導する、鬼上司になってみるといいのでは？」とすすめました。

最初は渋っていたYさんでしたが、何度か同じことをお伝えしたら、腹を決めて鬼上司になりました。

すると、部下たちからは嫌われるどころか、「教え方がわかりやすい!」「Yさんと一緒に仕事をするとスキルが上がる!」などと言われるようになったそうです。逆にそれまでは、オブラートに包んだような言い方だったので、指示がわかりづらかったということもわかりました。

このように、その人のありのままをそのまま出すのが一番いいのですが、多くの方々が「そのままやってはいけない」と思い込んでいます。

けれど、まずはそれをやってみる。ここがものすごく難しいポイントなのですが、実際にやってみると、案外たいしたことなくうまくいきます。

宇宙はそれぞれの人に必要な現実を、ちゃんと用意してくれているということ。

Yさんの場合でも、彼女のありのままが出せるように、ちゃんと部下を置いてくれていました。もし部下がいなかったら、彼女は嫌な気持ちにもならず、そうならなければ、ご自身を癒すということにも繫がらなかったわけです。

カチッとはまる瞬間が必ず訪れる

基本的には、スピリチュアルな世界に興味を持たれる方は、皆さん、優しくていい人です。

けれどそこで、「本当の自分って何？」「本当の幸せって何？」と考えた時に、自分の内側に閉じ込めた「こんな私はだめ」という子どもの頃の自分を外に出してあげること以外ありません。

もう一人、わかりやすい変化を遂げた方がいらっしゃるので、その方のお話もいたしましょう。

Tさんという女性は、ものすごく裕福な家庭に生まれた方でした。ご両親がいくつも会社をやっていたので、家庭内の話に出てくるお金の額も「借金が1億」「3000万入金があった」など、異様に大きかったと言います。

そういうご家庭でしたから、「お金は大きく動かしなさい」「小さなことをいちいち言うな」と教えられてきたそうです。「お金の計算も大雑把でいいから、まずはお金を動かしなさい」というご家庭で、とにかくみんな気前がよく、お金をジャンジャン出していたとか。

けれど結局、それでご両親が全財産をなくし、ものすごく貧しい生活を余儀なくされた体験をお持ちでした。

Tさんは商社に勤務した後、独立して念願の雑貨店を経営されていました。雑貨店の運営においても、両親から教わった通りに、大きな金額を大雑把に動かすようにしていたそうですが、なかなか運営がうまくいかず、夢を叶えたはずなのに、ものすごくイライラするご自分がいたとのこと。

そこで私のところに来られて、セッションを通じてご自分の内側を見ていくと、「ものすごく細かいことを気にする、お金に対して堅実な私」が出てきました。ただ、気前のいいご家庭に育ってしまったため、そんなことを思う自分にものすごく否定がありました。

「そんなお金の使い方をしたら、みんなにどう思われるかわからない」「そんなふうに細かくお金を使ったら、身の破滅だ」とおっしゃるくらい、それらはTさんにとっては末恐ろしく感じるとのこと。

自分が本当に欲しいものだけにお金を使うのは、ある意味当たり前のことですが、Tさんにとっては、恐ろしくて仕方のないことでした。

これこそがマインドの罠。マインドは私たちに、「本当のあなたを出すと嫌な人になるよ～」などと悪魔の囁きをするわけです。

Tさんは「これ以上マインドの奴隷ではいたくない」と決意し、自分が欲しいものにだけお金を払うといった、堅実なお金との付き合い方を実践し始めました。

ある見本市に出展した際、スタッフとして雇った人に「ギャランティはこのくらいしか出しません」と伝える時、細かい人だなとか、ケチな経営者だな、とか言われるのがものすごく怖かったそうです。マインドによる悪魔の囁きですね。

けれど、意識的にそうするようになって、これまではギャランティを多く出しすぎていて、お店の経営がおかしくなっていたことに気づきました。

よくよくTさんに話を聞くと、彼女は「あの人はお金にがめつい」と言われたくない一心で、いつもその場に全然見合っていない金額を出していたとのこと。驚いたことに、一時期はTさんよりも雇っているお店のスタッフのほうが多くお給料をもらっていたこともあったそうです。

それによって、「あそこの仕事は簡単だけど、すごくいいお金をもらえるよ」と、志の前に、お金をもらおうとたかってくるような人たちが集まってきていたこともわかりました。

自分自身のマインドを乗り越えて、本来の自分の姿を出していったことで、Tさんの周りには「一緒に雑貨店を盛り立てていきたい」と思ってくれる人たちが集まり、お金もうまく流れるようになっていきました。

その結果、2号店も出せるようになり、好きな雑貨と信頼できるスタッフに囲まれて、今では幸せに過ごされています。

ここまで何度か申し上げてきましたが、自分にとっての悩みの大元をたどっていくと、自然と自分の幼少期にたどり着きます。そして、「ああ、これだったんだ」と気づいて、そんな自分を知っていく。その自分は小さい頃、絶対に「それではだめ」と言われています。

そのため、絶対にやってはいけないと抑圧してきた自分であって、もっともやりたくないと思っている自分です。

そこで、自分を抑圧しているマインドを制して、スピリットの自分の姿をこの世に出してあげる。実際にやってみると、本当にカチッと自分にはまる感覚がするので、皆さんものすごく感動されます。

そうして、自分が自分でいることがすごくラクになり、「ああ、幸せってこういうことなのか」と、心の底から気づいていけます。

これからは、自分の思考を観察する能力が問われる時代です。

ここまでお伝えしてきたようなことを、自分で自分に問いかけることができるかどうか。それによって、これからの時代は人の生き方というものが、まったく違うものになっていきます。

自分にも人にも嘘がつけない世界へ

正直に真っ直ぐ生きられる人が勝つ

これまでは、容易にブラックマジックを使える時代でした。そのために、人をマインドコントロールすれば、それなりにうまく生き延びることができました。けれど、それがだんだん通用しなくなってきています。

そして、低次の意識のままの人と高次の意識に向かう人と、二極化はしているのですが、高次の意識に向かう人がものすごく増えているように感じています。

高次の意識になっていくと何が変わるか。

たとえば、人が話している内容やウェブサイトに書いている内容などで、物事の善し悪しを判断しなくなります。

もっとわかりやすく言うなら、皆さんがさらにサイキックになっていくということ。真実のスピリチュアルをわかる人が増えるので、見せかけが通じなくなっていきます。

この本を手に取ってくださった方なら、どんなに口でいいことを言っていても、なんとなく嫌な感じがする人は、もうなんとなくわかるのではないでしょうか。こうしたことが、もっとあからさまになっていきます。

意識が高次に上がっていくと、真実を視る目を持つようになるので、多くの人が自然とその能力を身につけていくようになります。

地球に生きる人々の意識がより高次なものとなるよう、宇宙はずっと働きかけてくれています。そして、今、さらにそれが加速するような時の流れがきているのです。

意識の二極化が始まったことで、物事の善し悪しを真実の目で見極められる人がものすごく増えてきた背景には、テクノロジーの進化もあると思います。

それにより、いろいろな情報が透けて見えるようになってきて、昔は通じていたようないかさまができなくなってきました。

先日、某社のヘアドライヤーを買いました。髪の毛を乾かしながら巻くこともできる優れモノなのですが、こういう商品も昔はその社名を出しただけで売れていました。けれど今は「○○社のヘアドライヤーを買いました。今からレビューをします」というYouTube動画が多数上げられていて、消費者側の一般の人たちが「これはここがよくて、ここが悪い」「値段は見合っている」「この値段では見合っていない」などと発信するので、ブランド名だけでは、もう物が売れない時代になっています。

やはり、きちんと作り手のエネルギーがこもっているものを、人々が選ぶようになってきています。受け取った時の真心や作り手の熱意など、そういうものをきちんと見極められる能力が高まってきているのです。これは、とても良い傾向だと思っています。

その逆に、いかさまやその人の生き方に反することをしている人たちには、宇宙はうまいことお仕置きを仕掛けてきているなと思える出来事も増えています。「もう、そんないかさまはやめなさい」と、事故、逮捕、突然の解雇や倒産などの現実を介して、「はい、やり直し」ということが起きています。

人が高次元の意識に向かっていくのは、こうしたことが起こるサイクルも早くなるということです。

自分自身に意識を向け始めると、自分と同じような人たちが周りに集まってくるので、非常に生きやすくなります。

自分が高次の意識に移行すればするほど、周りにいかさまをするような人たちがいなくなるので、安心して、幸せに生きられるようになっていくのです。

気づかない人に注がれていく宇宙からの愛の真意

事故や倒産といった憂き目も

宇宙は常に変化し、スピリットも変化し続けています。それなのに、自分だけは変化しないでいると、どうなってしまうのでしょうか。

「いやいや、私はこのままでいいです」と動かずにいると、その瞬間に元の自分に戻ってしまい、この美しい宇宙の流れから置いていかれてしまいます。

チャンスの神様は前髪しかないとよく言われていますが、これは本当にそう。チャンスが来た時には、スッとそこに手を伸ばせる人が宇宙の動きと連動していけるわけです。

宇宙というのは、常に愛です。たとえ、事故や倒産などといった、爆弾投下のようなことがあったとしても、これらはすべて愛からなされています。「今一度立ち止まって、自分がやるべきことを考え直してごらん」と、軌道修正するためのチャンスを与えてくれているからです。

事故や倒産となったら、現実的には一見すると良くないことが起きたように見えますが、これらはすべて愛でしかありません。「早く自分がやるべき宿題に気づいて。本当の自分になりたいのでしょう？」という愛の場所から、真逆の出来事を引き起こし、そこに気づかせようとしてくれているわけです。

ですから、こうした流れに逆らっていると、どんどんしんどくなっていくだけです。そして、本当の自分から遠ざかれば遠ざかるほど、宇宙からの愛が増えます。つまり、「まだ気づけないのか？」と、現実に落とされる爆弾が増えて、良からぬ出来事がたくさん起こることでもあります。

第三者として客観的にそれを見ていれば、その人にとっての辛い現実ですら、宇宙からの愛だとわかりますが、それが自分事として降りかかってきたら、ものすごく大変ですよね。

けれど、宇宙からの宿題をやらずにいればいるほど、どんどんそういうことが起こってしまいます。

先月事故にあったと思ったら、今月は病気で入院して、退院したと思ったら泥棒に入られて、その後に感染症が蔓延したために商売がうまくいかず、路頭に迷うことになってしまった……など、人生が根底から覆されてしまうこともあります。

その只中にいる当人にとっては、そんなことは思えないかもしれませんが、それでも、こうしたことは宇宙からの愛なのです。

一日も早くそこに気づいて、自分の何がそうした事柄を引き寄せてしまったのか。そこにフォーカスしていくことが、現実を良い方向に動かしていく一番の近道となります。

"らしさ"を大切にしている人に訪れる未来

OVID-19のような世界的に思いもよらない出来事から、さまざまな事柄の二極化が進んでいます。そのあおりからイギリスでも飲食業界はかなり低迷しています。けれど、そうした中でも売上を上げているお店は少なくありません。今まで以上にうまくいっているお店もあります。

これまで無意識に飲食店などに入っていた人たちが、「なかなか外を出歩けない状況の中、月に1度の外食をするなら、どこのお店に行こうか」と、店を選ぶ際にいろいろなことを自分の頭で考えるようになりました。

そして、そこで選ばれる人やお店は決まって真心を込めて、その人〝らしい〟ビジネスをしているところになってきています。

私の友達もレストランをやっていますが、COVID-19があったことで逆に売上が上がって、「思わぬボーナスだ」と言っていました。

イギリスでも多くの人が街中に行かず、地元を利用するようになっています。そのため、街中で手広くチェーン店として展開していた飲食ビジネスがとん挫し始め、地元で昔から細々と、でも真心を込めてやっていたお店に人が集まるようになっています。

COVID-19は、もう少し視野を広く持ってみると、本当の自分に目覚めるための大きなきっかけになっていることもあると思います。

今回のように世界を揺るがした出来事にも、「早く自分の〝らしさ〟に気づいて」という宇宙からのメッセージが隠されていると思います。

たとえば、日本でいうなら路地裏で、本当に偏屈なお爺さんとその奥さんがやっている手作りの中華料理屋さんが、繁盛しているとのこと。

そこのお店は何がいいかというと、味もさることながら、古い店構えでありながら、トイレからテーブルまで隅から隅までピカピカに磨かれているそうです。頑固親父と怖いおかみさんのお店だけれど、店に入るとなぜか気持ちいい空間で、料理もとてもおいしい。これからは、そういうところが残っていきます。

見方を変えれば、お店に入った瞬間に、そうしたこだわりを察知できる人たちが増えているということ。

人間はさらに賢くなり、これまでぼやけていた感覚が研ぎ澄まされ、ここにいると心地良い・悪いということがわかるようになってきているのです。

私の大親友は20年前、大阪でインド料理屋を始めたのですが、インドからわざわざ最高のインド料理人をヘッドハンティングし、メニューにもこだわっていました。

店の入口に使おうと、左右で各5kg、合計10kgの扉をインドからわざわざ運んできました。そして、「これを開けられる人だけ入ってきてください」「こんな美味しいインド料理は、本当に食べたい人ならなんとかこの扉を開けられるはず、開けられないのならそこまで食べたくもなかったということだ」と言います。

店内敷地は広く優に100人は入れそうですが、大きなテーブルと椅子を置いて、実際に入れるのは30人弱。「狭い空間にわざわざお金を払ってご飯を食べる意味なんかない」ということらしいです。

確かに、ゆったり座れて隣の人の話し声も気にならないほど、テーブルとテーブルに感覚もありました。

そんなレストランは、人気となりいつもお客様が並んでいるような状態に。そんな時も、「中にいる人たちがゆっくりできないから、今日はもう帰ってください」と言う始末。雑誌の取材も追い返していました。

〝こだわり〟〝らしさ〟。こういったことを突き詰めてくると、その仕事の仕上がりや商品に自信が溢れます。お客様に媚びるとは真逆のことが自然と起きます。

私はヒーリングもカウンセリングも、私の右に出る者はいないと思っています。勝手に思っているだけですが（笑）。

けれど、そう思えるのは、私自身それだけ自分自身の研究と学びと癒しを繰り返し、ヒーリングを仕上げるまでに割いた時間や熱量は誰にも負けない自信があるからです。

「こういうセミナーならこれくらい払っても受けたい！」と私自身が思えるもので、「このヒーリングならこれくらいの心の病は治せる！」と納得がいくものしか世に出しません。

ですから、その価値がわかる人で、やる気のある人だけが来てくだされぱいいと思っています。

また、人としての礼儀がない方、自分のことしか考えておらず、他の参加者様に迷惑をかける人も参加を受け付けません。

セミナーに遅刻される方は入場できませんし、申し込み希望のメールにご自身の名前すら書いていないという方はお断りです。

私の住まいは日本ではなくイギリスです。当然イギリスに会社がありますから、セミナー料金は海外送金する必要があったりと、セミナーの受講者になるのもなかなか大変です。

多くの人は、「ウェブに記載されているイギリスのポンドは日本円でいくらなんですか？」「海外送金なんてやったことないので無理です」「なぜ申し込みたいのに申し込みを手伝ってくれないのですか」と、事務所にクレームのメールを書きます。

また、ロンドンでセミナーを開催する際ですと、「空港から会場まで送迎お願いできますか？」「海外に行ったことがないので、行き方を事細かく説明してください」など。でも、最近はなんでも自分で調べられる時代ですよね。

スピリチュアルに目覚めることのほうが、海外送金や、不安ながらも自力で会場にたどり着くことよりもずっと大変だと思うのですよ。ですから、ここで人に頼っている人ですと、自分起こしは難しいと思うので、お互いの時間を無駄にしないため、こういった方は受講者にはならないほうがいいと思っています。

「スピリチュアルマスターなのに、冷たい！」などと言われることもありますが、これが私の〝らしさ〟ですし、愛だと捉えていただけるとありがたいです。

私自身もこの〝らしさ〟を大切にし、ビジネスをしています。この十数年、仕事を続けるために〝らしさ〟を追求し形にすることにほとんどの力を注いできました。私らしいセミナーの形、私らしいヒーリング、私らしいメッセージの届け方、私らしい会社、など。

多くの人にとって、自分の感覚を頼りに仕事を進めていくことは、不安に感じるかもしれません。

「これをやったらビジネスがうまくいく!」というコンサルテーションを受けたい気持ちになるかもしれません。けれど、これからは、〝らしさ〟を追求しながら、それを仕事にしていく時代に変わっていくでしょう。

もちろん三次元での情報収集、勉強、資格の取得、こういったものも並行して重要です。けれど、こういったことにプラスで〝らしさ〟の追求を足していくと、今後はこの世で飛躍的に活躍できるでしょう。

ふるさとの世界と豊かな人生を享受しよう

こうして真実のスピリチュアルが開いた生き方へ

スピリチュアルで頭の良い人とは、相手の立場を想像できる人です。

自分のマインドでいっぱいいっぱいな状態だと、どうしても自分を満たすことや相手から自分を満たしてもらうことを先に考えがちになります。マインドは、承認欲求の塊といっても過言ではないほど愛に飢えていますから、そうなるのは仕方がないことです。

けれど、そのマインドがスピリットと統合を果たすにつれ、自然と自己愛が溢れ出します。〝愛〟は無限に湧き出ているものであることを、感覚で理解することが起きるようになります。

すると、自然と相手の立場に立って人の話を聞くことや、または相手そのものになることも可能になります。

マインドでこの話を聞いた人の中には、「そんなことしたら疲れちゃう」「相手の悪い氣を一緒にもらってしまいそう」という方がいます。
もし、同じように感じた方がいらっしゃれば、それはマインドで理解しているのだと気づいてください。

スピリットとは、宇宙の一部です。一応人間である限り、「私」という感覚が存在しますが、スピリットの感覚にも深さがあり、よりマインドから解放され、よりスピリットの感覚だけになっていくと、私という感覚すら薄れていきます。
つまり、あなたも私も私であり、宇宙であるという感覚になります。しかし、この感覚は感覚でしかなく、頭で理解ができるものではないのです。

スピリチュアルな仕事をしていない人でも、自分のマインドをものすごくよく観察し、スピリットと上手に統合を果たしている人は、たくさん存在します。そういった方は、これからの時代、大変活躍されるだろうと思っています。それが有名になるとか人気者になることとは限りませんが、何かしらこの世に貢献する人になるということです。

宿題を終えた人から、この世に貢献する人になるような仕組みになっていますから、こういった方々は、宿題を早く終えた分、宇宙からのサポートもたくさんあるのでしょう。

皆さんの周りにも、とっても満たされている人がいませんか？

スピリチュアルを学んでいるから満たされているなどは、実はあまり関係がないのです。

ご自身で自分のマインドを観察し、「本当の自分ってこうかな？　ああかな？」と探り探りでもスピリットを感じようと矢印が内側に向いている人は、どんどんスピリットに目覚めていっています。

また、これは羨ましいなと思う限りですが、元々家系のカルマが少ない方も愛に溢れています。生まれた時から両親の愛をたっぷりもらい、大人になっても自分の愛し方がわかっている人です。

こういった人はスピリットをよく感じており、スピリットの感覚のまま生きることができますので、やはり相手の立場をしっかりと理解し、「今、相手にとって何が必要なのか？」と考えられる人が多いです。

愛に満たされている人、つまりはスピリットで生きている人のことですが、こういった人はとても人生がうまくいくでしょう。

たとえば、満たされている人は、会話の中や行動の中に、感情を交えることがありません。相手から満たされよう、褒められようということがないわけです。

つまりは、とても実践的、現実的に動くことができます。こういった人に仕事を頼むと、余計な感情が付いてこないので仕事もサクサクこなしますし、多くの人が仕事をお願いしたいと感じるはずです。

必然的に、この世では必要な人となるわけですから職業や内容に限らず物事はうまく回るでしょう。

また、波動で見ても同じことが言えます。私たちはやはり波動が心地良い人と繋がりたいと感じる生き物です。私たちは愛に触れると安心するのですね。

愛というのは故郷のエネルギーですから。

だから愛の波動をたくさん持った方のところには、必然的に人が集まるようにもなる。

まさに、それこそが、マインドとスピリットが統合しているということであり、豊かな世界が、そこには広がっているはずです。

おわりに

宇宙の計らいは今日も続いていく

2020年は世界中がCOVID-19により、世界中の人にとって激動の年でしたね。私にとっても今まで以上に〝らしさ〟を取り戻す〝目覚めの時間〟となりました。

これまで、日本でのセミナー開催は2、3日が限界でした。ここまで本書を読んでいただいておわかりの通り、スピリチュアルの学びは継続が必要なのです。けれど、2、3日の開催をしてしまいますと、参加される方の中には、「たった数日で目覚められるんだ！」という高い期待を持たれる方もいらっしゃいます。

セミナーでは、「それは絶対に違いますから、このセミナーを機会に宿題は続けてくださいね！」とは伝えるものの、セミナーに来ることを、お祭りに来ることのように、はしゃいでいらっしゃる方もいて。

それ自体はとっても嬉しいことなのですが、「もっと皆さんにスピリチュアルを理解していただくには、この開催方法だけだと不十分なのか？」という気持ちが私の中にありました。

また、ロンドンで開催するコースはもっとスピリチュアルを深掘りしていきます。学びと癒しをレベル1、2、3というように段階で分けていますが、ご自身のペースで宿題をやりつつ、また学びと癒しを進めることができます。少人数で行いますので、グループセッションのようでとても良いのです。

けれど、すべてを網羅するにはやはり、最低3回はロンドンに来ていただく必要があります。

この数年、本当に多くの方がロンドンまで来てくださるので、私はお金がかかりすぎるのではないか、皆さんのお仕事は大丈夫なのか、など心配してしまうことも多かったのです。

「お願いだから無理して来ないでね。本当に余裕があるときだけ来てね！」なんて言ったりもしていたのですが。皆さん本当に喜んでロンドンまで来てくださっていて、それはそれで個人的には心配も多かったんですね。

また、やはりお金や時間の関係でロンドンには来られないという方も、もちろんたくさんいらっしゃいます。

そういった意味で、限られた方にしかスピリチュアルの深掘りが伝えられないのは、どうしたものかと悩んでいたわけです。


そんな時、私の目の前に起きた出来事はCOVID-19でした。

2020年、予定していた日本でのセミナーもロンドンでのコースもすべてキャンセルせざるを得なくなりました。

正直最初は、とっても落ち込みました。特に、1年かけて企画を進めてきた日本でのセミナーが、イギリスの空港が閉鎖することで、一瞬にして消えてしまいましたから。

そのため、キャンセルを皆さんにお伝えしなければならず、皆さんをがっかりさせてしまうのが本当に辛かったです。


けれど、この試練はきっと宇宙が私に何に気づけと言っているはずだと思い、内なる自分をよく感じてみました。

するとの「身体を休めなさい」というメッセージだったことがわかり、とにかく身体を休めることにしました。そうして初めて、身体が疲れていたことにも気づくことができたので、これには驚きでした。

ロックダウン中は、外で車もほとんど走らなくなり、飛行機も飛ばなくなりましたから、外の空気も甘くて、散歩に出かける毎日が楽しみで仕方ありませんでした。

また、そのおかげで夜空の星が綺麗に見られるようになりました。天体望遠鏡を買って、毎晩娘と星を眺めました。これまで人を癒し、目覚めさせるために走り続けてきた私にとって、こんなにのんびりと娘と過ごせたことは、一生の宝物になると思います。

そして、ロックダウンの最初はそんなふうに「自分の身体を休めましょう」というのが宇宙からのメッセージと捉えていたのですが、身体が元気になってくるにつれ、段々と受け取るメッセージが変わっていく感じを受けました。

「困っている人に向けて活動を開始しなさい！」

いつしかこんなメッセージに変わっていきました。

「活動を開始しなさいと言われても、動けないしな〜」と悩んでいた時のことです。フェイスブックのタイムラインにオンラインでヨガクラスを開催している人の様子が流れてきました。

「そうか！　オンラインでコースを開催すればいいのか！」と思いつき、早速企画会議に挙げてみました。するとあっという間に話がまとまりました。

また、私はYouTubeの撮影をするために家の中にスタジオを持っているので、機材など必要なものもすべて揃っており、会場などを借りる必要もなく、オンラインでのコース開催は何の問題もなくすぐに始めることができました。

オンラインの場合ですと、2、3日にまとめて開催しなくても毎週開催ということが可能です。毎週開催ができるようになったことで、週ごとに宿題を出して、次の週までに向き合っていただくテーマなどを決めることができました。

参加者さんたちも急いだり焦ったりしてプロセスを踏む必要がなくなり、こちらから送るエネルギーも入りやすくなっていきました。

これまで私の中にあったセミナーやコース開催に関するジレンマは、COVID-19という現実を通して私がメッセージをしっかりと受け取ったことで、より良い形を作り出すことができました。

今後も、日本とイギリスを行き来したり、ロンドンでもコース開催をすると思いますが、これまで以上にその有り難さを感じられるようになるのではないかとも思っています。

宇宙はどんな時も完璧な動きを見せている。そんなことをさらに認識させられた1年でした。この完璧な宇宙を謳歌するには、私たち一人ひとりが、そこに置かれたメッセージを受け取れるようになるだけなのだと思います。

COVID-19という現実は、一つかもしれません。けれど、この出来事が意味することは一人ひとり違っています。ご自身にとっては何に気づくべき出来事だったでしょうか。癒すべき心の傷が、自粛やロックダウンによってわかった人もいるでしょうし、不必要なことが明確にわかった人もいるでしょう。人との繋がりが自分にとってどれくらい大切だったかということが深く理解できた人もいると思います。

内側に不安を抱えている人は、今回のことがきっかけで、より大きな不安を感じたことと思います。

もともと自分の内側にあるものを感じやすくするために、目の前に問題が置かれます。

これが宇宙の計らいです。問題に注目するのではなく、「私は何に気づくべき？」と内なる自分をよく感じ、宇宙からのメッセージを受け取るようにしてみてください。

ここまで本書を読み進めていただき、まことにありがとうございます。

本書が少しでも皆さんの、本当の自分に目覚めるお力添えになりますと幸いです。

皆さんがそのままのご自身を愛せること、そして本来の自分を、時間の許す限り最大に生きられることを、心より応援しております。

ＭＯＭＯＹＯ

宇宙《うちゅう》から送《おく》られてくる「本当《ほんとう》の人生《じんせい》」を生《い》きる

“すべての自分”と統合する“目覚め”のレッスン

2021年2月28日　初版発行
2021年8月12日　2刷発行

著　者……MOMOYO
発行者……塚田太郎
発行所……株式会社大和出版
東京都文京区音羽1-26-11　〒112-0013
電話　営業部03-5978-8121／編集部03-5978-8131
http://www.daiwashuppan.com
印刷所／製本所……日経印刷株式会社
装幀者……白畠かおり

ISBN978-4-8047-0593-4

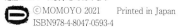